어린이를 위한
천재의 습관

Original Japanese title: TENSAI NO SHUKAN
Copyright © 2022 Live.
Original Japanese edition published by KANZEN CORP.
Korean translation rights arranged with KANZEN CORP.
through The English Agency (Japan) Ltd. and Danny Hong Agency

이 책의 한국어판 저작권은 대니홍 에이전시를 통한 저작권사와의 독점 계약으로 (주)넥서스에 있습니다.
저작권법에 의해 한국 내에서 보호를 받는 저작물이므로 무단전재와 복제를 금합니다.

어린이를 위한 천재의 습관

지은이 라이브
옮긴이 김나정
펴낸이 임상진
펴낸곳 (주)넥서스

초판 1쇄 인쇄 2022년 7월 10일
초판 1쇄 발행 2022년 7월 15일

출판신고 1992년 4월 3일 제311-2002-2호
10880 경기도 파주시 지목로 5
Tel (02)330-5500 Fax (02)330-5555

ISBN 979-11-6683-309-0 73300

저자와 출판사의 허락 없이 내용의 일부를
인용하거나 발췌하는 것을 금합니다.

가격은 뒤표지에 있습니다.
잘못 만들어진 책은 구입처에서 바꾸어 드립니다.

www.nexusbook.com

어린이를 위한
천재의 습관

66명의 천재들이 들려주는
✦ 데일리 루틴 ✦

라이브 지음
김나정 옮김

넥서스주니어

✦ 시작하며 ✦

'천재'란 어떤 사람일까요?

특정 분야에 재능을 가진 사람, 원하는 능력을 얻기 위해 노력하는 사람 그리고 운이 좋은 사람 등 다양하게 생각해 볼 수 있어요.

그런데 여기서 가장 중요한 점은 어떤 천재이든지 자신의 능력을 세상에 알리고 성공을 거머쥐기 위해서 많은 시간을 들였다는 거예요. 그리고 그 시간에는 '습관'이 녹아들어 있어요.

'습관'이란 같은 행동을 몇 번이고 반복하는 행위를 뜻해요. 매일, 매주, 매달 습관이 계속 이어지면서 재능이 꽃을 피우고 결국에는 '천재'라고 불리게 되지요.

이 책은 66명의 천재와 그들의 습관을 소개하고 있어요.

쉽게 따라 할 수 있는 습관도 있지만, 좀처럼 쉽지 않아 보이는 습관도 있어요. 조금이라도 재미있어 보인다면 따라 해 보거나

자기만의 스타일로 바꾸어 보면서 실천해 보세요. 매일 계속하다 보면 습관은 곧 여러분의 힘이 될 거예요.

해설 페이지에는 천재들의 경력과 에피소드, 명언 등이 실려 있어요. 살아온 시대와 직업은 모두 다르지만, 그들의 생애를 살펴보면서 공감을 하기도, 의외의 사실에 놀라기도 할 거예요. 천재들의 인생을 통해 이 정보가 세대를 뛰어넘는 지식이 되었으면 좋겠어요.

이 책을 읽으면서 여러분의 삶의 방식과 습관을 다시 되돌아보고 습관을 반복해 보세요. 잠재되어 있던 나만의 '재능'이 싹을 틔울지도 몰라요.

훌륭한 습관과 만나 멋진 미래를 펼쳐 나가기를 바랍니다.

이 책의 구성

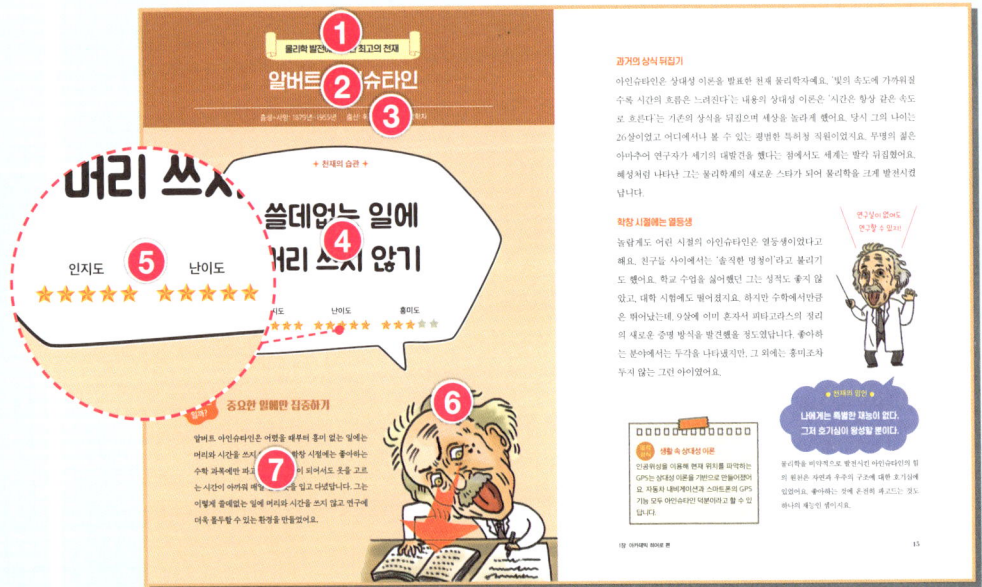

① 캐치프레이즈
이 천재가 어떤 사람인지 한마디로 표현한다면?

② 이름
해설할 천재 이름이에요.

③ 천재에 대한 정보
천재의 출생 사망 연도, 출신지, 직업을 알아보아요.

④ 천재의 습관
천재가 해 온 습관이에요.

⑤ 별점
천재의 인지도, 습관의 난이도와 흥미로운 정도를
5단계로 표시했어요.

인지도: 유명한 천재일수록 점수가 높아요.
난이도: 따라 하기 어려울수록 점수가 높아요.
흥미도: 따라 하고 싶고 흥미로울수록 점수가 높아요.

⑥ 천재 일러스트
천재의 얼굴을 일러스트로 그렸어요.

⑦ 습관 해설
습관에 대해 자세히 설명해요.

⑧ 흥미진진한 스토리
천재의 생애, 특징적인 내용, 이슈 등을 알아보아요.

⑨ 천재의 한마디
천재가 말할 법한 대사를 일러스트와 함께 살펴보아요.
(실제로 인물이 말했던 대사가 아닌 경우도 있어요!)

⑩ 명언
천재가 남긴 명언이에요.

⑪ 해설
명언에 대해 알아보아요.

⑫ 조각 상식
천재와 관련된 막간 상식을 소개해요.

목차

시작하며 4
이 책의 구성 6

1장 아카데믹 히어로 편

알버트 아인슈타인	쓸데없는 일에 머리 쓰지 않기	14
아이작 뉴턴	책에 잔뜩 메모하기	16
니콜라스 코페르니쿠스	아무리 바빠도 취미 활동 즐기기	18
갈릴레오 갈릴레이	실험을 통해 직접 확인하기	20
스티븐 호킹	어려움이 닥쳐도 긍정적으로 생각하기	22
아르키메데스	어떤 상황에서도 끊임없이 생각하기	24
피에르 드 페르마	나만의 취미에 푹 빠져 보기	26
앤드류 와일즈	즐기면서 일하기	28
스리니바사 라마누잔	매일 기도하기	30
존 폰 노이만	불필요한 언쟁은 하지 않기	32
알렉산더 플레밍	노는 것처럼 즐겁게 일하기	34
플로렌스 나이팅게일	상대가 누구든지 주눅 들지 않고 말하기	36
마리 퀴리	수학 문제 풀면서 기분 전환하기	38
찰스 다윈	편지를 받으면 반드시 답장하기	40
카를 마르크스	돈이 없어도 자신의 신념 지키기	42

2장 카리스마 리더 편

토머스 에디슨	어디를 가든 항상 메모하기	46
니콜라 테슬라	식사를 하기 전 음식의 부피 가늠하기	48
헨리 포드	직접 농사지은 채소만 먹기	50
커넬 샌더스	수입의 일부를 기부하기	52
스티브 잡스	거울 앞에 서서 스스로에게 물어보기	54
빌 게이츠	매일 독서하기	56
제프 베이조스	무슨 일이 있어도 수면 시간 지키기	58
래리 페이지	업무 시간의 20%는 좋아하는 연구에 쓰기	60
마크 저커버그	매일 같은 티셔츠 입기	62
잭 도시	하루에 한 끼만 먹기	64
필 나이트	하루도 빠짐없이 달리기	66
일론 머스크	5분 단위로 스케줄 짜기	68
워런 버핏	중요하지 않은 일은 단호하게 거절하기	70
나폴레옹 보나파르트	언제 어디서든 독서하기	72

3장 톱 크리에이터 편

월트 디즈니	아침은 든든하게, 점심은 가볍게 먹기	76
루트비히 판 베토벤	산책하면서 아이디어 떠올리기	78
게오르크 프리드리히 헨델	작업 과정을 꼼꼼하게 기록하기	80
볼프강 아마데우스 모차르트	시간을 알차게 쓰기	82
프레데리크 쇼팽	사소한 부분까지 철저하게 파고들기	84
프란츠 리스트	아침 일찍 일어나고 오후에 낮잠 자기	86
어니스트 헤밍웨이	일어서서 작업하기	88
표도르 도스토옙스키	항상 궁지에 몰린 채로 일하기	90
프란츠 카프카	홀딱 벗고 운동하기	92
레프 톨스토이	작품은 오롯이 혼자서 집필하기	94
한스 크리스티안 안데르센	잠들기 전, 머리맡에 메모 남겨 두기	96
J.K. 롤링	끊임없이 쓰고 또 쓰기	98
요한 볼프강 폰 괴테	기분이 내키지 않으면 일하지 않기	100
레오나르도 다빈치	머릿속에 떠오르는 것은 모두 메모하기	102
파블로 피카소	쇼핑할 때는 수표 사용하기	104
빈센트 반 고흐	팔리지 않아도 계속 그리기	106
코코 샤넬	다른 사람과 같은 옷 입지 않기	108
이브 생로랑	종이 인형 가지고 놀기	110
알프레드 히치콕	아내에게 의견 물어보기	112
스티븐 스필버그	필요한 정보는 자신이 직접 모으기	114

4장 슈퍼스타 편

베이브 루스	삼진을 두려워하지 않기	118
무하마드 알리	하루도 빠짐없이 안티팬의 편지 읽기	120
타이거 우즈	시합 마지막 날 빨간색 셔츠 입기	122
마이클 조던	결정적인 순간에 혀 내밀기	124
우사인 볼트	언제 어디서든 최선을 다하기	126
리오넬 메시	다섯 가지 음식 꼭 챙겨 먹기	128
로저 페더러	하루에 적어도 12시간 자기	130
마이클 펠프스	아침저녁으로 이미지 트레이닝하기	132
마릴린 먼로	구두 굽 높이를 좌우 비대칭으로 만들기	134
오드리 헵번	즐겁지 않아도 늘 웃기	136
이소룡	훈련과 공부 모두 게을리하지 않기	138
마이클 잭슨	완벽한 퀄리티를 위해 노력하기	140
레이디 가가	매일 15분씩 스스로 칭찬하기	142
찰리 채플린	가족과 함께 서커스 관람하기	144
엘리자베스 테일러	냉장고에 가장 못생긴 자기 사진 붙여 놓기	146
마돈나	좋아하는 음악 들으면서 춤추기	148
마일즈 데이비스	지루해지기 전에 앞으로 나아가기	150

참고 문헌 152

◎ **알버트 아인슈타인** (물리학자)

◎ **아이작 뉴턴** (물리학자)

◎ **니콜라스 코페르니쿠스** (천문학자)

◎ **갈릴레오 갈릴레이** (물리학자, 천문학자)

◎ **스티븐 호킹** (물리학자)

◎ **아르키메데스** (수학자)

◎ **피에르 드 페르마** (변호사, 수학자)

◎ **앤드류 와일즈** (수학자)

◎ **스리니바사 라마누잔** (수학자)

◎ **존 폰 노이만** (수학자)

◎ **알렉산더 플레밍** (미생물학자)

◎ **플로렌스 나이팅게일** (간호사, 통계학자)

◎ **마리 퀴리** (물리학자, 화학자)

◎ **찰스 다윈** (생물학자)

◎ **카를 마르크스** (사상가, 경제학자)

1장

아카데믹 히어로 편

1장에서는 과학자, 연구자와 같이 학술 분야에서 공적을 쌓은 천재들의 습관을 알아볼 거예요. 뛰어난 두뇌로 세상을 바꾼 인물들이 어떤 습관을 통해 역사적인 발견을 하고, 현대에도 활용되는 연구 성과를 낼 수 있었는지 함께 알아보아요.

물리학 발전에 기여한 최고의 천재

알버트 아인슈타인

출생~사망: 1879년~1955년   출신: 독일   직업: 물리학자

✦ 천재의 습관 ✦

쓸데없는 일에 머리 쓰지 않기

인지도 ★★★★★   난이도 ★★★★★   흥미도 ★★★☆☆

어떤 습관일까?

중요한 일에만 집중하기

알버트 아인슈타인은 어렸을 때부터 흥미 없는 일에는 머리와 시간을 쓰지 않았어요. 학창 시절에는 좋아하는 수학 과목에만 파고들었고, 성인이 되어서도 옷을 고르는 시간이 아까워 매일 같은 옷을 입고 다녔답니다. 그는 이렇게 쓸데없는 일에 머리와 시간을 쓰지 않고 연구에 더욱 몰두할 수 있는 환경을 만들었어요.

과거의 상식 뒤집기

아인슈타인은 상대성 이론을 발표한 천재 물리학자예요. '빛의 속도에 가까워질수록 시간의 흐름은 느려진다'는 내용의 상대성 이론은 '시간은 항상 같은 속도로 흐른다'는 기존의 상식을 뒤집으며 세상을 놀라게 했어요. 당시 그의 나이는 26살이었고 어디에서나 볼 수 있는 평범한 특허청 직원이었지요. 무명의 젊은 아마추어 연구자가 세기의 대발견을 했다는 점에서도 세계는 발칵 뒤집혔어요. 혜성처럼 나타난 그는 물리학계의 새로운 스타가 되어 물리학을 크게 발전시켰답니다.

학창 시절에는 열등생

놀랍게도 어린 시절의 아인슈타인은 열등생이었다고 해요. 친구들 사이에서는 '솔직한 멍청이'라고 불리기도 했어요. 학교 수업을 싫어했던 그는 성적도 좋지 않았고, 대학 시험에도 떨어졌지요. 하지만 수학에서만큼은 뛰어났는데, 9살에 이미 혼자서 피타고라스의 정리의 새로운 증명 방식을 발견했을 정도였답니다. 좋아하는 분야에서는 두각을 나타냈지만, 그 외에는 흥미조차 두지 않는 그런 아이였어요.

연구실이 없어도 연구할 수 있지!

● 천재의 명언 ●

**나에게는 특별한 재능이 없다.
그저 호기심이 왕성할 뿐이다.**

물리학을 비약적으로 발전시킨 아인슈타인의 힘의 원천은 자연과 우주의 구조에 대한 호기심에 있었어요. 좋아하는 것에 온전히 파고드는 것도 하나의 재능인 셈이지요.

생활 속 상대성 이론

인공위성을 이용해 현재 위치를 파악하는 GPS는 상대성 이론을 기반으로 만들어졌어요. 자동차 내비게이션과 스마트폰의 GPS 기능 모두 아인슈타인 덕분이라고 할 수 있답니다.

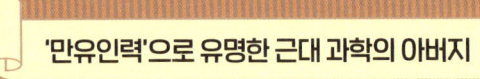

'만유인력'으로 유명한 근대 과학의 아버지

아이작 뉴턴

출생~사망: 1642년~1727년   출신: 영국   직업: 물리학자

✦ 천재의 습관 ✦

책에 잔뜩 메모하기

인지도　　　난이도　　　흥미도

어떤 습관일까?

책을 메모장처럼 사용하기

아이작 뉴턴은 책에 메모를 잔뜩 해 놓는 습관이 있었어요. 영국의 왕립협회 도서관에는 그가 실제로 읽은 책이 보관되어 있는데, 책 이곳저곳에 메모가 가득하답니다. 책을 읽다가 좋은 아이디어가 떠오른다고 해도 금방 잊어버린다면 아무 소용이 없지요. 이제부터 책에 떠오르는 생각들을 직접 메모해 보는 건 어떨까요?

'고전 역학'을 완성한 희대의 천재

뉴턴이 나무에서 떨어진 사과를 보고 '만유인력의 법칙'을 발견한 일화는 굉장히 유명하지요. 그의 공적을 한마디로 표현한다면 '고전 역학을 완성한 인물'이라고 할 수 있어요. '고전 역학'이란 우리 눈에 보이는 모든 물리 현상을 설명한 이론이에요. 교과서에 나오는 '에너지 보존의 법칙'이나 '작용-반작용의 법칙' 등도 그가 발견했지요. 그 공로가 어찌나 대단했던지, 그가 『프린키피아』라는 책에서 고전 역학 이론을 완성하자 학자들은 "더 이상 물리학을 연구할 필요가 없는 것이 아닌가?"라고 이야기했을 정도라고 해요. 그야말로 물리학계의 거장이 탄생한 셈이지요.

위기를 기회로 바꾸다

뉴턴은 22살에 '만유인력의 법칙'을 발견했는데, 흑사병 유행의 영향을 받았다고 해요. 당시 흑사병이 크게 유행하면서 학교가 폐쇄되었고, 대학생이었던 그는 어쩔 수 없이 고향으로 돌아가게 되었어요. 뉴턴은 이 기회를 활용해 좋아하는 연구를 하자고 마음먹었고, 그렇게 '만유인력의 법칙'을 발견하게 되었어요. 시간을 잘 활용하는 것이 천재가 되는 첫걸음일지도 몰라요.

사과는 나무에서 떨어지는데, 달은 왜 떨어지지 않을까?

● 천재의 명언 ●
내가 다른 사람보다 더 멀리 볼 수 있었던 것은 거인의 어깨 위에 서 있었기 때문이다.

여기서 '거인'은 갈릴레이 갈릴레오나 요하네스 케플러와 같이 뉴턴보다 이전 시대에 물리학을 연구한 위인을 뜻해요. 뉴턴이 아무리 뛰어난 천재라고 하더라도, 그들의 연구가 없었다면 성과를 내기 어려웠을 거예요.

국회의원으로 활동했던 뉴턴

 조각상식

뉴턴은 46살에 국회의원으로 뽑혔어요. 그가 의회에서 유일하게 했던 말은 "의장님, 창문 좀 닫아 주세요!"였다고 해요.

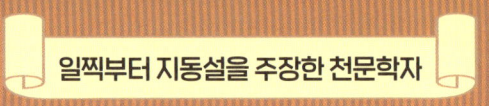

일찍부터 지동설을 주장한 천문학자

니콜라스 코페르니쿠스

출생~사망: 1473년~1543년   출신: 폴란드   직업: 천문학자

✦ 천재의 습관 ✦

아무리 바빠도 취미 활동 즐기기

인지도    난이도    흥미도 ★★★★★

 어떤 습관 일까?

엄청난 발견으로 이어진 꾸준한 취미 활동

니콜라스 코페르니쿠스는 천문학 중에서도 가장 유명한 발견인 '지동설'을 주장한 인물이에요. 하지만 그의 본업은 의사 겸 성직자였고, 사실 천문 관측은 취미 활동이었어요. 학창 시절부터 천문학을 좋아했던 그는 성인이 되어서도 짬을 내어 별을 관측했지요. 단순히 좋아서 했던 개인 연구였지만, 꾸준한 취미 활동이 대발견으로 이어지게 되었답니다.

돌고 있는 것은 지구

코페르니쿠스는 '지동설'을 주장한 인물로 잘 알려져 있어요. 지금은 지구가 태양 주변을 돌고 있다는 사실이 너무도 당연한 상식이지만, 당시에는 모두 태양과 별이 지구를 중심으로 돌고 있다고 생각했어요. 이를 '천동설'이라고 부르는데, 교회에서도 '신의 이름을 걸고 천동설이 옳다'라고 설파했기 때문에 다들 절대적으로 믿고 있었지요. 그런데 이때 코페르니쿠스는 '뭐야, 돌고 있는 건 지구였잖아?' 하고 깨닫게 되었어요. 천문학을 무척 좋아했던 그는 꾸준히 하늘을 관측하며 쌓아 온 데이터를 토대로 별의 움직임을 계산했어요. 그 결과, 지구가 태양 주변을 돌고 있다는 사실을 발견했답니다.

'지동설' 발표 직후 사망한 코페르니쿠스

좋아하는 일을 했더니 진실을 알게 되었지

코페르니쿠스는 지동설을 발견했음에도 이 사실을 입 밖으로 꺼내지 못했어요. 곰곰이 생각해 보니 '교회의 가르침을 부정하다니!'라는 이유로 몰매를 맞을 것이 뻔해 보였거든요. 결국 30년 이상 지난 뒤에야 책이 나오게 되었답니다. 책이 출판된 직후, 그는 70살의 나이에 세상을 떠나게 되었고 그의 지론은 책을 통해 후세에 남아 천문학의 발전에 커다란 영향을 끼치게 되었답니다.

 조각상식 의외로 비난받지 않았던 지동설

그는 '지동설'이 비난받을 것이라고 걱정했지만 의외로 크게 비난받지는 않았다고 해요. 그도 그럴 것이, 코페르니쿠스의 책은 별로 팔리지 않았거든요. 당시에는 큰 화제도 되지 않았다고 해요.

 조각상식 코페르니쿠스적 전환

코페르니쿠스는 '천동설'이 당연했던 시대에 그와 반대 개념인 '지동설'을 주장했지요. 이러한 일화처럼 견해가 180도 달라지는 것을 '코페르니쿠스적 전환'이라고 부른답니다.

실험으로 진실을 규명한 '과학의 아버지'

갈릴레오 갈릴레이

출생~사망: 1564년~1642년   출신: 이탈리아   직업: 물리학자, 천문학자

✦ 천재의 습관 ✦

실험을 통해 직접 확인하기

| 인지도 | 난이도 | 흥미도 |
| ★★★★★ | ★★★★★ | ★★★★☆ |

어떤 습관일까? 남들이 말하는 대로 믿지 않기

갈릴레오 갈릴레이는 '과학의 아버지'라고 불려요. 모두가 당연하다고 생각하는 상식이나 위인들이 남긴 학설을 그대로 믿지 않고, 무엇이든 직접 실험하며 눈으로 확인하는 그의 습관에서 유래한 별명이지요. 어찌 보면 조금 삐딱한 사람이라고 생각할 수도 있겠지만, 그의 이러한 습관이 있었기에 다양한 발견을 할 수 있었답니다.

실험으로 상식을 뒤집다

갈릴레이는 이탈리아에서 물리학과 천문학을 연구한 과학자랍니다. 대학교에 들어간 그는 그곳에서 배운 내용에 의문을 품게 되었어요. 당시에는 물체가 떨어지는 이유가 무게 때문이라고 생각해서 무거운 물체가 가벼운 쪽보다 먼저 떨어진다고 여겼어요. 다들 그렇게 믿고 있었지만 갈릴레이는 '정말 무거운 물체가 먼저 떨어질까?' 하고 의문을 가졌어요. 그래서 직접 무게가 다른 두 공을 동시에 던져 보았고 두 공이 똑같이 떨어진다는 사실을 발견했답니다. 상식으로 알려져 있던 내용이 틀렸다는 것을 실험으로 증명해 보인 것이지요.

'지동설'을 주장한 천재

세상의 모든 상식에 의문을 품는 갈릴레이의 탐구심은 천문학 분야에서도 발휘되었어요. 당시에는 태양이 지구의 주변을 돈다는 '천동설'이 일반적이었지만, 그는 스스로 천체 망원경을 만들어 주기적으로 별을 관측했어요. 그 결과, 지구가 태양 주변을 도는 '지동설'이 옳다는 사실을 발견하게 되었지요. 그런데 이 내용을 책으로 내자, 성서의 가르침을 배반했다는 이유로 재판에 불려가 '지동설은 틀렸다'는 억지 진술을 강요받기도 했답니다.

틀렸다고 말하지 않으면 사형당할 뻔했단다

조각상식 그래도 지구는 돈다?

재판이 끝난 뒤 갈릴레이가 남긴 "그래도 지구는 돈다."라는 말은 굉장히 유명하지요. 하지만 이 일화는 후세에 와서 꾸며진 이야기라는 설도 존재한답니다.

● 천재의 명언 ●

**모든 학문의 출발점은
의심하는 자세에서 시작한다.**

무언가를 의심하는 자세에서 탐구심이 시작되고 그것은 곧 배우고자 하는 마음으로 이어져요. 사소한 일이라도 '왜 그럴까?', '이유가 뭘까?'라고 생각하는 것에서 새로운 발견이 시작된답니다.

난치병에도 굴하지 않고 연구를 계속한 물리학자

스티븐 호킹

출생~사망: 1942년~2018년   출신: 영국   직업: 물리학자

✦ 천재의 습관 ✦

어려움이 닥쳐도 긍정적으로 생각하기

인지도 ★★★★★　난이도 ★★★★☆　흥미도 ★★★★★

어떤 습관 일까? **어려운 상황 속에서도 굳건한 마음 가지기**

젊은 시절 난치병에 걸린 스티븐 호킹은 불편한 몸을 이끌고 연구를 계속하며 우주와 관련된 다양한 이론을 발표했어요. 병에 걸려 포기해야 하는 일들이 무척 많았지만 아쉬워해도 바뀌는 것은 없었지요. 그는 자신이 할 수 있는 일을 찾아 집중하면 된다고 생각했어요. 어려움이 닥쳐도 긍정적으로 생각하는 그의 사고방식에는 배울 점이 많답니다.

갑작스럽게 찾아온 난치병

호킹은 루게릭병에 걸린 후에도 우주와 시공에 대한 연구를 계속했어요. 호킹이 병을 진단받은 것은 21살이었고, 의사는 24살 전에 그가 사망할 것이라고 했어요. 당시 그는 우주 물리학을 연구하는 대학원생이었고, 사망 선고를 받은 뒤 크게 상심했다고 해요. 하지만 곧이어 '설령 몸이 움직이지 않는다고 해도 내가 좋아하는 우주, 물리 연구는 계속할 수 있잖아?'라고 생각을 바꿨답니다. '언제 죽을지 알 수 없는 인생이기에 지금 할 수 있는 일에 최선을 다하자.' 그렇게 생각하며 호킹은 기력을 되찾았다고 해요.

연구에 대한 끊임없는 열정

호킹은 의사로부터 24살 전에 사망할 것이라는 진단을 받았지만, 결과적으로 사망 선고는 크게 빗나갔어요. 질병 때문에 몸을 움직일 수 없어 휠체어에 탄 채로 생활할 수밖에 없었지만, 그는 76살까지 살면서 우주의 시작과 블랙홀과 관련된 참신한 이론을 계속해서 발표했어요. 호킹의 이론은 전 세계의 연구자들에게 크나큰 영향을 미치게 되었지요. 난치병에 걸렸음에도 불구하고 연구에 대한 열정을 잃지 않은 덕분에 과학사에 길이 남을 위대한 업적을 남기게 되었답니다.

마음속으로 우주 전체를 자유롭게 탐험할 수 있지

● 천재의 명언 ●
아무리 어려운 인생이라도 당신이 성공할 수 있는 무언가가 분명히 존재한다.

호킹은 어려운 상황 속에서도 연구에 대한 열정을 결코 잃지 않았어요. 포기하고 싶을 때도 나에게 성공할 수 있는 무언가가 분명히 존재한다고 믿는 것이 중요하답니다.

 우주에 대한 관심을 높이다

1988년에 출판된 호킹의 『시간의 역사』는 전 세계에서 천만 부 이상 팔린 베스트셀러예요. 우주에 대한 일반인의 관심을 높인 것은 그의 위대한 업적 중 하나랍니다.

다양한 원리를 발견한 천재 과학자

아르키메데스

출생~사망: 기원전 287년~기원전 212년   출신: 고대 그리스   직업: 과학자

✦ 천재의 습관 ✦

어떤 상황에서도 끊임없이 생각하기

인지도
난이도
흥미도

어떤 습관일까?

적이 몰려오는 상황에서도 계산하기

아르키메데스는 수학, 발명, 천문학 등 다양한 분야에서 활약한 과학자예요. 그런 그의 습관은 '어떤 상황에서도 끊임없이 생각하기'랍니다. 그가 살고 있는 섬이 로마군의 공격을 받는 와중에도 집 안에서 도형을 그리며 계산을 했다는 일화가 있을 정도니까요. 그런 상황에서까지 계산할 필요가 있을까 싶기도 하지만, 그 정도로 그의 머릿속은 연구로 가득했답니다.

고대 그리스 시대에 활약한 천재

아르키메데스는 지금으로부터 2,200년 이상 거슬러 올라간 과거에 활약했던 천재 과학자예요. 특히 수학에 뛰어났던 그는 '지렛대의 원리'와 '원주율 계산', '아르키메데스의 원리' 등과 같은 다양한 원리를 발견했답니다. 이 중에서 '아르키메데스의 원리'는 물체의 부력과 관련한 법칙으로, 예를 들면 '배는 어떻게 물 위에 뜰 수 있을까?'라는 질문도 '아르키메데스의 원리'로 설명할 수 있어요. 배가 물 위에 떠 있는 것은 굉장히 자연스럽게 느껴질 수도 있지만, 잘 생각해 보면 참 신기한 현상이지요.

받침점만 있다면 지구도 움직일 수 있지

발명가로도 전설을 남기다

아르키메데스는 이처럼 다양한 발견 외에도 지렛대의 원리를 이용해 무거운 돌을 멀리 던지는 투석기를 만들거나, '아르키메데스의 펌프'라고 불리는 물 긷는 장치를 개발하는 등 발명가로서도 활약했답니다. 태양광을 모아서 적의 배를 불태우는 기상천외한 무기를 만들었다는 이야기도 전해지는데요. 이것은 '아르키메데스의 열광선'이라고 불린답니다. 정말 천재라는 수식어가 잘 어울리는 인물인 것 같아요.

조각상식 — **수학계에도 큰 영향을 끼치다**

아르키메데스는 원주율과 회전체의 부피를 구하는 공식 등 수학자로서도 역사에 이름을 남긴 인물이에요. 그의 업적을 기리기 위해 현대 수학의 노벨상이라고 불리는 필즈상의 기념 메달에는 그의 옆모습이 새겨져 있답니다.

조각상식 — **목욕탕에서 떠올린 '아르키메데스의 원리'**

'아르키메데스의 원리'는 그가 목욕탕에 들어갔을 때 욕조에서 흘러넘치는 물을 보고 떠올린 것으로도 굉장히 유명하지요. 이렇게 번뜩이는 능력 또한 천재의 재능이라고 할 수 있답니다.

'페르마의 마지막 정리'의 창시자
피에르 드 페르마

출생~사망: 1607년~1665년   출신: 프랑스   직업: 변호사, 수학자

✦ 천재의 습관 ✦

나만의 취미에 푹 빠져 보기

인지도	난이도	흥미도
★★★★☆	★★★★☆	★★★★☆

어떤 습관일까?

독자적 문제를 개발해 전문가에게 보내기

피에르 드 페르마는 독특한 취미를 가지고 있었어요. 그의 본업은 변호사이지만, 수학을 너무 좋아해 스스로 만든 문제를 유럽의 여러 유명 수학자들에게 보내고는 했어요. 그들이 문제를 풀 수 있는지 없는지 시험해 보기 위해서였지요. 이러한 특이한 취미가 있었기에 그는 '페르마의 마지막 정리'라는 엄청난 난제를 고안하면서 역사에 이름을 남긴 인물이 되었답니다.

수학자들을 괴롭힌 난제

페르마는 300년 넘게 수학자들을 괴롭힌 최고의 난제 '페르마의 마지막 정리'를 고안한 인물로 유명해요. 그는 본래 변호사였지만, 고대 그리스 수학자 디오판토스의 『산술』을 읽은 후 수학에 푹 빠졌어요. 그리고 '이걸 응용하면 이런 공식이 성립하지 않을까?' 하는 새로운 생각이 떠오르면 책 여백에 메모하고는 했지요. 페르마가 세상을 떠난 뒤, 그의 메모를 발견한 아들이 이를 한데 모아 책으로 출간했답니다. 그로 인해 수학계가 크게 들썩이게 되었어요.

나는 이 문제에 대한 놀라운 증명을 알고 있으나, 여백이 부족해 따로 적지 않겠다!

단 하나의 메모로부터

이러한 페르마의 메모는 48개나 있었지만, 애석하게도 모두 책 여백에 쓰인 메모여서 그가 완전히 증명해 냈는지 단언할 수 없는 경우가 많았어요. 계산이 도중에 생략되는 등의 문제가 있었거든요. 그래서 수학자들은 이 메모가 모두 사실인지 검증하기로 했어요. 그중 47개는 모두 해명해 냈으나 마지막 한 문제만 증명하지 못했어요. 그것이 바로 '페르마의 마지막 정리'예요. 이 문제는 오랫동안 수학계 최대의 수수께끼로 남았고 그의 이름은 오래도록 역사에 남게 되었답니다.

> **조각상식 | '페르마의 마지막 정리'란?**
>
> '페르마의 마지막 정리'란 'n이 3 이상의 정수일 때, $x^n + y^n = z^n$을 만족하는 양의 정수 x, y, z는 존재하지 않는다'는 문제예요. 이것은 피타고라스의 '$x^2 + y^2 = z^2$'을 응용한 문제로, n=2일 때 x, y, z의 정수는 무한하지만, n=3 이상이 되면 존재하지 않는다는 페르마의 주장이지요. 그런데 '존재하지 않는다'만으로는 수학적인 면에서는 성립되지 않기 때문에 정말로 존재하지 않는다는 사실을 증명해야만 했어요.
>
> 이 문제에 대해 페르마는 "나는 이 문제에 대한 놀라운 증명을 알고 있으나, 여백이 부족해 따로 적지 않는다."고 메모해 두었다고 해요. 때문에 천재라고 불린 수많은 수학자가 이를 증명하기 위해 끊임없이 도전하게 되었답니다.

'페르마의 마지막 정리'를 증명한 현대판 천재

앤드류 와일즈

출생~사망: 1953년~　　출신: 영국　　직업: 수학자

✦ 천재의 습관 ✦

즐기면서 일하기

인지도 ★★★★☆　　난이도 ★★★★★　　흥미도 ★★★★★

어떤 습관일까?

포기하지 않는 비법은 즐기는 것

앤드류 와일즈는 수학계의 최대 난제인 '페르마의 마지막 정리'를 증명해 낸 인물이에요. 그는 이 문제를 푸는 과정을 무척 즐겼어요. 실제로 와일즈는 아무에게도 이야기하지 않고 혼자서 조용히 이 문제를 푸는 데 몰두했다고 해요. 그 이유는 혼자만의 즐거움으로 간직하고 싶었기 때문이었지요. 여러분도 공부나 숙제를 귀찮다고 생각하지 말고 '즐겨 보자!'라는 마음으로 임해 보면 어떨까요?

그가 만난 '페르마의 마지막 정리'

'페르마의 마지막 정리'는 수많은 수학자가 도전했지만 300년 이상 아무도 풀지 못한 최대의 난제랍니다. 영국의 수학자 와일즈는 바로 이 문제를 증명해 낸 인물이지요. 사실 그가 수학자가 되고자 한 이유 또한 소년 시절 알게 된 '페르마의 마지막 정리' 때문이었어요. '지식의 거장'이라 불리는 천재들이 도전했지만 아무도 풀지 못한 문제가 있다는 것을 발견한 소년 와일즈는 '내가 이 문제를 풀어내고 말 테야!'라고 결심했어요. 물론 훌륭한 수학자가 되기 위해서는 엄청난 지식이 필요했지요. 때문에 소년 와일즈는 공부에 매진했고, 이후 대학에서도 눈부신 연구 성과를 인정받아 박사 학위를 받았답니다.

수수께끼에 종지부를 찍다

수학자가 된 와일즈는 어릴 적부터의 꿈이었던 '페르마의 마지막 정리'를 증명하기로 해요. 300년 넘게 아무도 풀지 못했던 문제였으니 그 과정이 그리 간단하지는 않았지요. 하지만 와일즈는 포기하지 않고 연구를 계속했고 1993년에 드디어 '페르마의 마지막 정리'를 증명했다고 발표했어요. 이후 수정을 거듭하며 1995년에 와일즈의 증명이 학계에서도 인정받게 되었어요. 이로써 이 난제를 향한 수학계의 도전은 막을 내리게 되었답니다.

어릴 적 꿈을 드디어 이뤘어

● 천재의 명언 ●

나에게 이토록 매력적인 문제는 더 이상 나타나지 않을 것이다.

조각상식 여러 연구에서 찾은 힌트

일본인이 고안한 '다니야마-시무라 추측'은 '페르마의 마지막 정리' 증명의 힌트가 되었어요. 이처럼 다른 수학자들의 연구가 있었기에 이 난제를 증명할 수 있었답니다.

와일즈는 '페르마의 마지막 정리 증명하기'라는 어린 시절의 꿈을 잃지 않고 간직했어요. 그리고 결국 그것을 이루어 냈지요. 한평생 푹 빠져서 연구할 수 있는 주제를 발견하는 것도 참 행복한 일인 것 같네요.

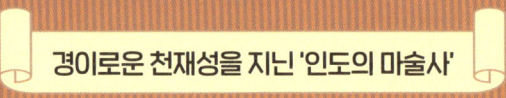

경이로운 천재성을 지닌 '인도의 마술사'
스리니바사 라마누잔

출생~사망: 1887년~1920년   출신: 인도   직업: 수학자

매일 기도하기

인지도
난이도
흥미도

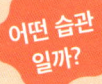
어떤 습관일까?

수식 발견은 신의 계시?

독실한 힌두교도였던 스리니바사 라마누잔은 매일 기도하는 습관이 있었어요. 그는 천재적인 수학 능력으로 다른 수학자들이 "너무 어려워서 잘 모르겠어요."라고 말할 정도의 수식을 무척 많이 발견했답니다. 그의 말에 의하면 자신의 능력은 매일 신에게 기도한 덕분이라고 해요. 라마누잔에게 기도는 수학 문제를 풀기 전에 하던 일종의 루틴이었을지도 모르겠어요.

혼자서 고도의 수식을 발견하다

라마누잔은 혼자서 4천 개나 되는 정리와 수식을 발견한 천재 수학자랍니다. '인도의 마술사'라는 별명까지 있을 정도이지요. 그는 정식으로 수학 교육을 받지 않았음에도 수학자들이 이해할 수 없을 정도로 어려운 수식을 수없이 많이 발견했어요. 그는 자신이 발견한 수식을 잔뜩 적은 공책을 영국의 여러 대학에 보내면서 세상에 알려지게 되었는데 당시 대부분의 대학은 이를 무시했다고 해요. 일반적으로 수식이란 그것이 옳다는 증명이 함께 있어야 하는데, 정식 교육을 받지 않았던 라마누잔은 증명이 무엇인지조차 몰랐기 때문이었지요.

증명이 도대체 뭔가요?

그의 재능을 알아본 단 한 사람

그런데 딱 한 명, 라마누잔의 재능을 꿰뚫어 본 인물이 있었어요. 케임브리지 대학교의 하디 교수는 처음에 그의 공책을 보고는 그저 장난이라고 생각했어요. 그런데 엄청난 개수의 수식을 자세히 들여다보니 '내가 발견했지만 아직 발표하지 않았던 수식'까지 공책에 적혀 있는 게 아니겠어요? '진짜 천재일지도 몰라!'라고 생각한 교수는 라마누잔을 대학으로 초청했어요. 이렇게 해서 그의 재능이 세상에 알려지게 되었답니다.

조각상식 **엄청난 속도로 수식을 발견하다**

케임브리지 대학교에서 수학을 연구하게 된 라마누잔은 매일 새로운 수식을 6개씩 발견하면서 하디 교수를 놀라게 했어요. 하디 교수는 신들린 듯한 그의 천재성이 사라질 것을 우려해 그에게 억지로 증명을 시키지 않았어요. 하디 교수는 라마누잔이 발견한 수식을 자신이 증명하는 방식으로 연구를 진행했답니다. 라마누잔은 기존의 수식을 증명하기도 전에 새로운 수식을 계속해서 떠올렸기 때문에 '하고 싶은 대로 두는 것이 좋겠어.'라고 판단한 것이지요.

하디 교수는 라마누잔을 발굴해 낸 것에 대해 '내가 수학계에 남긴 가장 큰 공헌'이라고 말하며 그를 한평생의 자랑으로 여겼다고 해요.

너무도 뛰어났던 나머지 '악마'라고 불린 수학자

존 폰 노이만

출생~사망: 1903년~1957년   출신: 헝가리   직업: 수학자

✦ 천재의 습관 ✦

불필요한 언쟁은 하지 않기

인지도 　난이도 　흥미도

어떤 습관 일까?   **타인과 잘 지내기 위한 방법**

존 폰 노이만은 '나보다 똑똑한 상대가 아니면 논쟁하지 않는다.'라는 신념이 있었어요. 쓸데없는 언쟁을 통해서 인간관계가 틀어질 것을 우려한 그가 자기 나름대로 타인과 잘 지내기 위해 생각해 낸 방법이었지요. 어쩌면 자신이 하는 말을 이해하지 못하는 상대방과의 언쟁은 아무런 소용이 없다고 생각한 것일지도 몰라요.

다양한 분야에서 발휘한 재능

노이만은 20세기의 과학사를 논하는 데 빼놓을 수 없는 인물 중 한 명이에요. 그는 '오른쪽을 봐도 왼쪽을 봐도 온통 천재뿐'이라는 프린스턴 고등연구소 교수진 중에서도 가장 뛰어난 천재로 알려져 있답니다. '인간의 두뇌를 가진 사람이 아니다.'라는 의미에서 '인간인 척하는 악마'라고 불렸을 정도이지요. 그의 업적은 실로 대단해요. 일생 동안 수학, 물리학, 계산 기계학, 정보공학, 생물학, 기상학, 나아가 경제학과 정치학에 이르는 다양한 분야의 논문을 150편이나 발표했거든요. 분야를 가리지 않는 재능을 가진 그는 그야말로 역사상 최고의 천재라고 할 수 있는 인물이랍니다.

어린 시절부터 천재성을 발휘

노이만은 아주 어렸을 적부터 천재성을 보였다고 해요. 그는 8살에 미적분을 이해하고, 11살이 되자 대학원생 수준의 지식을 갖췄답니다. 노이만은 부다페스트 대학교와 베를린 대학교 그리고 취리히 공과대학교를 함께 다니면서 23살의 나이에 수학, 물리, 화학 박사 학위를 받았어요. 프린스턴 고등연구소에서 그와 함께 연구했던 아인슈타인 역시 "머리가 가장 좋은 것은 노이만이다."라고 말했다고 해요.

나보다 똑똑한 상대가 아니면 싸울 필요도 없지

> ● 천재의 명언 ●
>
> **나 다음으로 계산이 빠른 놈이 생겼다.**

컴퓨터가 등장했을 당시 노이만이 한 말이라고 하지요. 실제로 노이만은 암산에 뛰어났는데, 그가 전화번호부를 펼쳐서 나온 숫자를 모두 더한 값을 순식간에 대답했다는 일화도 유명하지요.

 조각상식 — 컴퓨터 개발에도 참여

노이만의 업적 중에 가장 유명한 것은 역시 컴퓨터 개발이에요. '노이만형 컴퓨터'라고 불리는 컴퓨터는 현재 우리가 사용하고 있는 컴퓨터의 원형이지요.

기적의 약 '페니실린'의 발견자

알렉산더 플레밍

출생~사망: 1881년~1955년   출신: 영국   직업: 미생물학자

✦ 천재의 습관 ✦

노는 것처럼 즐겁게 일하기

인지도 ★★★☆☆   난이도 ★★★★☆   흥미도 ★★★★★

어떤 습관일까?

세균을 가지고 재밌게 놀기

미생물학자인 알렉산더 플레밍은 세균을 이용해 그림을 그리거나 글자를 쓰는 놀이를 즐겼다고 해요. 보통 사람들이 놀이와 일을 별개로 생각하는 경우가 많아요. 그러나 플레밍은 쉬는 시간조차 세균과 함께했답니다. 그렇게 재미있게 일에 몰두했기 때문일까요? 그는 결국 페니실린을 발견하며 위대한 업적을 남기게 되었어요.

우연히 발견한 페니실린

플레밍은 전염병 치료 약인 페니실린을 발견한 미생물학자예요. 이 페니실린은 곰팡이를 이용해 만들어지는데, 아주 우연한 계기로 발견하게 되었답니다. 어느 날 플레밍이 배양하던 세균 샘플에 곰팡이가 피고 말았어요. 그가 제대로 보관하지 못한 탓이었지요. 처음에 이것을 발견한 플레밍은 버리려고 했어요. 그런데 샘플을 자세히 살펴보니 곰팡이가 자라난 주변에만 세균이 사라지는 게 아니겠어요? '혹시 이 곰팡이가 세균을 죽인 건가?' 하고 생각한 플레밍은 본격적으로 곰팡이를 연구하기 시작했어요. 이처럼 우연한 발견으로 페니실린이 세상에 나오게 되었답니다.

수많은 생명을 살리다

곰팡이가 세균을 죽이는 걸 발견했어!

플레밍이 발견한 페니실린은 이전까지 어떤 약을 써도 치료할 수 없었던 전염병을 순식간에 치료하며 많은 이들의 목숨을 구했어요. 인류가 처음으로 세균을 쓰러뜨리는 든든한 무기를 손에 넣은 순간이었지요. 물론 우연히 만들어진 결과였지만, 평소에 세균에 대해 깊게 탐구했던 플레밍이었기에 가능했던 일은 아니었을까요?

 전쟁 때문에 시작된 연구

플레밍이 세균을 연구하기 시작한 것은 전쟁 때문이에요. 부상병 치료를 위해 병원에서 일하고 있던 플레밍은 전장에서 다친 수많은 병사가 상처에 침투한 세균 때문에 감염병에 걸려 죽어 가는 모습을 보게 되지요. 이 경험을 통해 그는 감염병을 치료할 수 있는 약을 만들겠다는 결심을 했답니다.

 노벨상을 수상하다

플레밍은 페니실린을 발견하면서 수많은 사람의 목숨을 구했어요. 그리고 그 공로를 인정받아 1945년 노벨 생리학·의학상을 수상했어요.

간호의 상식을 뒤바꾼 '백의의 천사'

플로렌스 나이팅게일

출생~사망: 1820년~1910년   출신: 영국   직업: 간호사, 통계학자

✦ 천재의 습관 ✦

상대가 누구든지 주눅 들지 않고 말하기

인지도　　　　난이도　　　　흥미도
★★★★★　★★★★★　★★★★★

어떤 습관 일까?

고통스러워하는 환자를 위해서라면 무엇이든 하기

플로렌스 나이팅게일은 상대가 누구든지 주눅 들지 않고 당당하게 자신의 의견을 말했어요. 야전병원에서 간호사로 근무했을 당시, 허가 없이 약을 사용해서는 안 된다는 상부의 지시에 굴하지 않고 도끼로 약병을 부순 뒤 "열지는 않았어요."라고 말했다는 일화는 정말 유명하지요. 허구의 이야기라는 말도 있지만, 이런 이야기가 전해질 정도로 그는 대담하고 용감한 인물이었어요.

위생 간호의 개척자

나이팅게일은 크림 전쟁에서 적군, 아군 할 것 없이 부상병을 헌신적으로 간호하며 '크림의 천사'라고 불렸어요. 그의 업적은 '공중 위생'이라는 개념이 없던 시대에 이를 재빨리 도입하고 철저한 병원 개혁을 꾀한 데 있어요. 당시 야전병원은 환자의 붕대나 침대 시트가 더러운 채로 방치되어 있어 위생적이지 못한 상태였어요. 그래서 그는 시트 세탁과 병실 청소는 물론, 자비로 영국에서 붕대 등의 물자를 들여오거나 영양가 높은 식단을 짜며 문제점을 개선했답니다. 그 결과 46.7%에 육박했던 부상병의 사망률은 3개월 만에 무려 5%까지 낮아졌다고 해요.

통계학을 이용한 개혁

나이팅게일은 영국으로 귀국한 뒤에도 간호학계의 개혁을 계속해서 추진해요. 통계학을 이용해 부상병 사망의 가장 큰 원인이 열악한 병원 위생 환경에 있다는 것을 규명하며 군에 개혁을 요구했지요. 열의가 어찌나 강했던지 군 관계자들도 그에게는 꼼짝 못 했다고 해요. "천사는 아름다운 꽃을 퍼뜨리는 존재가 아니라 고뇌하는 사람들을 위해서 싸우는 존재"라는 그의 말처럼 나이팅게일은 간호계의 투사였답니다.

병원의 위생 환경을 개선하지 않으면 나을 병도 낫지 않아

● 천재의 명언 ●

간호가 희생이 되어서는 안 된다.

조각상식 호출 벨을 처음으로 도입

간호사 호출 벨을 처음으로 도입한 것도 나이팅게일이랍니다. 당시에는 환자가 종을 울리는 방식이었는데, 이 방식을 도입함으로써 급변하는 환자의 상태에도 신속하게 대응할 수 있게 되었지요.

헌신적으로 부상병을 간호한 나이팅게일이었지만, 자기희생적인 간호는 지속하기 어렵다고 단호하게 말했어요. 이러한 그의 생각은 간호의 기초가 되어 지금까지도 의료 현장에 이어져 내려오고 있답니다.

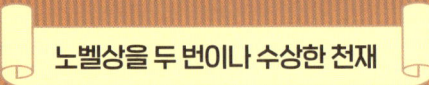

노벨상을 두 번이나 수상한 천재

마리 퀴리

출생~사망: 1867년~1934년   출신: 폴란드   직업: 물리학자, 화학자

✦ 천재의 습관 ✦

수학 문제 풀면서 기분 전환하기

인지도 난이도 흥미도

어떤 습관일까?

기분 전환과 함께 두뇌 트레이닝

여러분도 '뭔가 집중이 잘 안 돼.'라는 생각이 들 때가 있지 않나요? 그럴 때 마리 퀴리는 수학 문제를 풀었다고 해요. 문제를 풀다 보면 가라앉았던 기분이 나아졌다고 하는데요. "숙제에 집중이 안 되니 게임이나 해야지."라고 하면 엄마에게 혼날지도 모르지만 "수학 문제라도 풀어 보자."라고 하면 혼나지 않겠지요. 시험 삼아 한번 따라 해 보는 건 어떨까요?

두 번의 노벨상을 받은 최초의 인물

퀴리는 여성 최초로 노벨상을 받은 물리학자예요. 1903년에 노벨물리학상을 받고, 1911년에는 노벨화학상을 받았지요. 한 번 수상한 것도 대단한 노벨상을 두 번이나 받은 것은 퀴리가 처음이에요. 이렇게 노벨상을 두 번이나 받은 배경에는 지기 싫어하는 그녀의 성격도 한몫했답니다. 첫 노벨상인 물리학상은 공동 연구자였던 남편과 함께 수상했는데, 당시에는 남편의 업적에 편승했다며 비판하는 사람도 있었다고 해요. 당시 과학자라고 하면 남성이 압도적으로 많았던 시기였기에, 여성에게 그런 능력이 있을 리가 없다는 편견을 가진 사람이 적지 않았던 것이지요.

여자는 안 된다는 생각, 너무 낡지 않았나요?

편견에 맞서 싸우다

하지만 그런 시선에도 퀴리는 기죽지 않고, '그렇다면 한 번 더 상을 타서 증명해 주지'라고 하듯 몇 년 뒤 노벨화학상을 받았어요. 뒤에서 그를 욕하던 사람들에게 멋지게 한 방 먹인 셈이지요. 이후로도 퀴리는 연구를 지속했고 모두들 그의 공로를 인정하게 되었어요. 아무리 부정적인 말을 들어도 연연하지 않고 자신이 하고자 하는 연구를 계속했던 그의 삶의 방식은 지금도 많은 사람에게 용기를 주고 있어요.

● 천재의 명언 ●

인생이 주는 최고의 보상은 지적 활동 그 자체이다.

 방사선 연구의 개척자

 조각 상식

퀴리는 평생 방사선 연구에 몰두했어요. 현재 병원에서 사용되고 있는 엑스레이 촬영이나 방사선 치료도 그의 연구 덕분이랍니다.

퀴리는 막대한 재산을 모을 수 있었지만, 일부러 특허를 내지 않고 자신의 연구 성과를 세상에 내놓았어요. 그에게는 돈보다 자신의 연구가 널리 알려져 사람들에게 도움을 주는 일이 더 중요했던 것이지요.

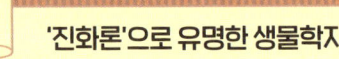

'진화론'으로 유명한 생물학자

찰스 다윈

출생~사망: 1809년~1882년   출신: 영국   직업: 생물학자

✦ 천재의 습관 ✦

편지를 받으면 반드시 답장하기

인지도 ★★★★★   난이도 ★★★★☆   흥미도 ★★★☆☆

어떤 습관일까?

어마어마한 편지 중독

찰스 다윈은 편지를 받으면 꼭 답장하는 습관이 있었어요. 생전에도 유명인이었기 때문에 매일 여러 통의 편지가 도착했는데, 그는 편지를 받으면 10일 내로 무조건 답장했다고 해요. 참고로 다윈은 살아 있는 동안 모두 7,591통의 편지를 보냈어요. 만약 그가 지금 시대에 살았다면 메신저나 SNS에 푹 빠져 있지 않았을까요?

우연히 떠나게 된 모험

다윈은 진화론을 주장했던 유명한 생물학자랍니다. 진화론이란, 생물은 같은 선조가 오랜 세월을 거쳐 조금씩 진화해 간다는 내용으로, 현재 생물학의 기초가 된 개념이에요. 23살의 다윈은 로이 선장이라는 모험가에게 함께 떠나자는 권유를 받게 되는데, 바로 이 모험이 진화론을 확립하는 계기가 되었어요. 원래부터 생물, 자연을 좋아했던 다윈은 "재밌을 것 같아!" 하며 모험을 떠나기로 했지요. 당시 다윈은 목사가 되기 위해 신학을 공부하고 있었지만, 학업을 제쳐 두고 무려 5년 동안이나 로이 선장과 함께 모험을 계속했답니다.

눈으로 직접 보고 체험하기

로이 선장과의 모험은 다윈에게 경이와 흥분의 연속이었어요. 그들은 남미를 비롯해서 갈라파고스 제도, 뉴질랜드, 호주 등지를 돌면서 유럽에서는 쉽게 볼 수 없는 다양한 생물을 관찰하거나 화석을 발굴하고 조사했답니다. 그 결과, 다윈은 생물의 진화와 화석을 이용해서 진화 과정을 추적할 수 있다는 데 생각이 다다랐어요. 실제로 눈으로 보고 체험하면서 진화론을 확립시킬 수 있었던 것이지요.

> 눈으로 직접 보면서 체험하는 것이 중요하단다

조각상식: 진화론에 대해 쓴 『종의 기원』

다윈은 자신의 연구를 정리한 책을 다수 집필했는데, 그중에서 가장 유명한 대표작이 바로 『종의 기원』이랍니다. 이 책은 엄청난 화제를 불러 모으면서 그의 이름을 널리 알리는 데 큰 역할을 하게 돼요.

● 천재의 명언 ●

장수풍뎅이 채집만큼 열중하고 즐겼던 일은 없었다.

다윈은 목사가 되기 위해 케임브리지 대학교에 들어갔지만, 사실 공부보다 장수풍뎅이 채집에 관심이 더 많았다고 해요. 원래부터 생물에 많은 관심을 두고 있었던 것이지요.

『자본론』으로 세상에 크나큰 영향을 끼친

카를 마르크스

출생~사망: 1818년~1883년   출신: 프로이센 왕국   직업: 사상가, 경제학자

✦ 천재의 습관 ✦

돈이 없어도 자신의 신념 지키기

인지도 ★★★★★   난이도 ★★★★★   흥미도 ★☆☆☆☆

어떤 습관일까?

돈보다 자신의 신념이 우선

카를 마르크스는 일생의 절반을 『자본론』을 비롯한 저서 집필에 투자하며, 제대로 된 일은 거의 하지 않았다고 해요. 이 때문에 그의 생활은 언제나 궁핍했지요. 하지만 그는 '부르주아 사회의 영향을 받아 돈 버는 기계가 되어서는 안 된다.'라는 자신만의 신념에 따라 결코 일을 하지 않았답니다. 마르크스가 엄청난 인물임은 분명하지만 그의 습관을 따라 하는 것은 쉽지 않아 보여요.

돈 관리를 못하는 경제학자

마르크스는 세계에서 가장 영향력 있는 책 중 하나인 『자본론』을 집필했어요. 『자본론』은 경제에 관한 책이지만, 실상 그 자신은 경제관념이 전혀 없었다고 해요. 그는 돈이 생기는 족족 낭비해 버리는 바람에 항상 궁핍했답니다. 일반적인 사람이라면 '이렇게 쓰다가는 탕진하겠어. 절약해야지.'라고 생각할 텐데, 마르크스는 경제학 책을 집필한 인물임에도 불구하고 돈이 들어오면 바로 써 버리고 또다시 가난에 시달리는 생활을 반복했지요.

국가 이념을 바꿀 정도의 영향력

마르크스는 빈곤했지만 특정인에게 있어서는 무척 카리스마 있는 인물이었어요. 그중에서도 사상가 엥겔스는 마르크스의 재능에 홀딱 반했던 인물 중 한 명이지요. 엥겔스는 돈이 없는 마르크스를 후원하면서 그의 활동을 적극적으로 지지했어요. 실제로 마르크스가 내건 개념은 '마르크스주의'라고 불리며 여러 나라의 이념을 바꿀 정도로 큰 영향을 끼쳤답니다. 그는 결점이 많은 사람이었지만 그와 동시에 사회를 움직일 만큼 엄청난 영향력을 행사하기도 했어요.

나는 왜 이렇게 돈이 없지?

● 천재의 명언 ●

만약 다시 태어난다고 해도 나는 같은 일을 할 것이다.

> **조각 상식** **유복하게 자란 마르크스**
> 마르크스는 사실 유복한 가정에서 자랐어요. 돈을 전혀 관리하지 못했던 것도 어릴 적부터 유복했던 탓에 사치에 익숙해져 있었기 때문일지도 몰라요.

마르크스는 연구 활동에만 집중하며 궁핍한 생활을 보냈지만, 자신은 그것을 후회하지 않는다고 말하며 지인에게 이런 내용의 편지를 보냈다고 해요. 하지만 가족을 고생시킨 데 대한 미안함은 있었는지 "다음 생에는 결혼하지 않겠다."고 적었다고 해요.

◎ **토머스 에디슨** (발명가)

◎ **니콜라 테슬라** (발명가)

◎ **헨리 포드** (기업인)

◎ **커넬 샌더스** (기업인)

◎ **스티브 잡스** (기업인)

◎ **빌 게이츠** (기업인)

◎ **제프 베이조스** (기업인)

◎ **래리 페이지** (기업인)

◎ **마크 저커버그** (기업인)

◎ **잭 도시** (기업인)

◎ **필 나이트** (기업인)

◎ **일론 머스크** (기업인)

◎ **워런 버핏** (투자가)

◎ **나폴레옹 보나파르트** (군인, 황제)

2장

카리스마 리더 편

2장에서는 거대한 기업이나 조직을 성공으로 이끈 리더를 소개해요. 물론 혼자서는 어려운 일이지만, 이들은 많은 사람의 본보기가 되어 사회에 큰 영향을 미치는 기업 및 조직을 만들었어요. 그런 이들이 어떤 습관을 가지고 있었는지 함께 살펴보도록 해요.

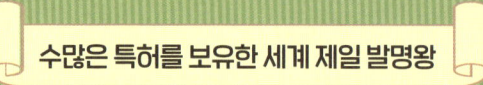

수많은 특허를 보유한 세계 제일 발명왕

토머스 에디슨

출생~사망: 1847년~1931년   출신: 미국   직업: 발명가

✦ 천재의 습관 ✦

어디를 가든 항상 메모하기

인지도 ★★★★★   난이도 ★★★★☆   흥미도 ★★★★★

 어떤 습관일까?

생각난 것은 모두 메모하기

발명왕이라 불리는 토머스 에디슨은 언제나 펜과 메모장을 가지고 다니며 생각나는 모든 것을 메모했어요. 발명과 관련된 내용뿐 아니라 생활 속에서 깨달은 사소한 내용까지 모두 적어 놓았다고 해요. 그는 메모를 다시 들여다보는 것 역시 잊지 않았어요. 그리고 메모를 읽으면서 생각나는 것들을 또 적어 나갔지요. 에디슨은 이런 과정을 통해 엄청난 양의 발명을 할 수 있었답니다.

소문난 질문광

어렸을 때부터 엄청난 질문광이었던 에디슨은 "왜? 어째서?"를 달고 살았어요. 초등학교에 입학해서도 "왜 1 더하기 1은 2예요?"와 같은 질문을 끈질기게 했지요. 수업에 방해된다는 이유로 임시 퇴학을 당하기도 했답니다. 하지만 어머니 낸시는 그의 질문을 무시하지 않고 정성껏 대답해 주면서 교육을 계속했다고 해요. 결국 에디슨은 이 '왜?'에 대한 질문을 해결해 나가며 여러 발명품을 고안해 냈지요. 훗날 그는 어머니가 없었다면 자신은 발명가가 되지 못했을 거라고 말하기도 해요. 그의 눈부신 성공 뒤에는 어머니의 애정이 있었던 것이지요.

연구복은 편한 게 최고

생각나는 것은 모조리 다 적는 거야!

에디슨은 연구할 때 편안한 복장을 추구했어요. 그가 항상 입던 작업복은 몸을 꽉 조이지 않는 편한 옷이었답니다. 에디슨이 이 작업복을 좋아했던 이유는 피곤할 때 바로 드러누워 잘 수 있기 때문이었어요. 잠과 식사도 거른 채 연구에 몰두했던 에디슨다운 이유이지요. 물론 정치가를 만나거나 격식 있는 자리에서는 제대로 차려입었지만, 집에 돌아오면 "이렇게 몸을 옥죄는 옷이야말로 나의 적이다!"라며 옷을 벗어 던졌다고 해요.

> ● 천재의 명언 ●
> 나는 실패한 적이 없다.
> 다만 작동하지 않는 1만 가지
> 방법을 찾았을 뿐이다.

 조각상식  미끼 없이 낚시를 즐기다

에디슨은 연구에 진척이 없을 때면 근처 바다에 나가 낚시를 즐겼어요. 하지만 그의 목적은 머리를 식히는 데 있었기 때문에 미끼를 달지 않고 낚시를 즐겼다고 해요.

에디슨의 눈부신 발명 뒤에는 수많은 실패가 있었을 거예요. 하지만 그에게 실패란 결코 어울리지 않지요. 생각한 대로 되지 않았을 때는 다른 방법을 찾아 결국 성공으로 이끌었으니까요.

에디슨과 정면 승부를 벌인 천재

니콜라 테슬라

출생~사망: 1856년~1943년   출신: 크로아티아   직업: 발명가

✦ 천재의 습관 ✦

식사를 하기 전 음식의 부피 가늠하기

인지도 ★★★★☆   난이도 ★★★★★   흥미도 ★★☆☆☆

어떤 습관일까?

식사를 즐기는 기묘한 습관

니콜라 테슬라는 특이한 습관이 있었어요. 식사를 하기 전 미리 머릿속에서 모든 음식의 부피를 가늠해 보는 버릇이었지요. 특별한 의미가 있어서 했던 행동은 아니었어요. 자신만의 음식을 즐기는 방식이었답니다. 테슬라는 천재인 동시에 괴짜로 널리 알려져 있는데, 이러한 습관 또한 그의 특이한 성격을 보여 주는 것 같지요?

저렴한 교류 전류 발명

테슬라는 전력 공급 방식을 둘러싸고 발명왕 에디슨과 경합을 벌인 인물로 유명해요. 당시 미국의 전기는 에디슨이 발명한 직류 전류라는 방식으로 공급되고 있었어요. 하지만 테슬라는 직류 전류보다 저렴한 교류 전류 방식을 발명하고 직류에서 교류로 방식을 바꿔야 한다고 주장했어요.

테슬라는 에디슨의 회사에서 일하던 직원이었는데, 이 아이디어를 에디슨에게도 이야기한 적이 있었어요. 하지만 에디슨은 그의 의견에 부정적이었답니다. '아무리 생각해도 교류 전류가 더 좋아!'라며 양보하지 않았던 테슬라는 에디슨과 사이가 틀어지면서 결국 회사를 그만두게 되었어요.

진흙탕 싸움이 된 '전류 전쟁'

이후 테슬라는 교류 전류 공급 방식을 개량했어요. 그 성과를 발표하자 세간의 집중을 받기 시작하지요. 이에 초조해진 에디슨은 교류 전류는 위험하다는 부정적인 인식을 퍼뜨렸어요. 하지만 테슬라도 잠자코 있지는 않았어요. 무려 100만 볼트의 전류를 자신의 몸에 직접 투과시켜 보이며 에디슨의 의견에 맞서지요. 둘의 싸움은 '전류 전쟁'이라고 불리면서 이후 수년 동안이나 지속되었답니다.

교류 전류가 훨씬 좋다고!

 '전류 전쟁'에서 에디슨을 이기다

'전류 전쟁'에서 정면 승부를 벌인 테슬라와 에디슨. 그러나 이후 시카고 엑스포와 나이아가라 폭포에 교류 전류 방식이 채용되며 결국 테슬라의 승리로 막을 내리게 되지요. 지금까지도 송전에는 테슬라의 교류 전류 방식이 쓰이고 있답니다.

 세계 제일의 전기차 기업

세계 굴지의 기업인 미국의 전기 자동차 제조사 테슬라를 알고 있나요? 이 기업명은 니콜라 테슬라의 이름에서 따왔어요. 지금까지도 니콜라 테슬라의 팬이 아주 많은 것을 보면, 그만큼 존경할 만한 업적을 남긴 인물이라는 것은 확실하네요.

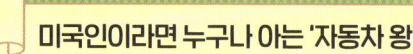

미국인이라면 누구나 아는 '자동차 왕'

헨리 포드

출생~사망: 1863년~1947년   출신: 미국   직업: 기업인

✦ 천재의 습관 ✦

직접 농사지은 채소만 먹기

인지도 ★★★★★   난이도 ★★★★★   흥미도 ★★☆☆☆

어떤 습관일까?

독특한 식습관을 가진 포드

헨리 포드는 "우유는 세상에서 가장 미숙한 기계" 그리고 "닭고기는 매가 먹는 고기"라고 말하며 우유와 닭고기를 먹지 않는 독특한 식습관을 가지고 있었어요. 휘발유를 넣어야 정상적으로 작동하는 자동차처럼 자신의 몸을 정상적으로 움직이려면 누가 재배했는지 모르는 채소가 아니라, 자기가 직접 기른 것을 먹어야 한다는 신념을 가지고 있었다고 해요.

저렴한 자동차를 대량 생산하다

포드는 일부 부유층만이 소유했던 자동차가 일반 가정에도 널리 보급되는 데 이바지한 인물이랍니다. 저렴하고 질 좋은 자동차를 대량 생산해 일반 서민들도 자동차를 소유할 수 있도록 했지요. 당시 부자들을 대상으로 만들던 수제 자동차의 가격은 3천만 달러에서 4천만 달러 정도였는데, 포드의 자동차는 825달러밖에 하지 않았답니다. 그가 만든 자동차가 얼마나 저렴했는지 실감이 나시나요? 덕분에 포드의 자동차는 큰 인기를 끌게 되고, 미국인이라면 누구나 한 번쯤은 포드의 차를 운전해 본 경험이 있다고 할 정도로 유명해졌어요. 전 세계적으로 포드의 이름이 널리 알려지면서 '자동차 왕'이라는 별명까지 생겼답니다.

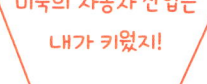

미국의 자동차 산업은 내가 키웠지!

에디슨의 조언

포드의 성공에는 사실 발명왕 에디슨의 도움이 있었어요. 휘발유 자동차를 만들고 있던 포드는 '차라리 전력 모터가 낫지 않을까?'라는 고민을 가지고 있었어요. 그런데 이를 전해 들은 에디슨이 휘발유가 더 좋다고 단언했지요. 전기 전문가인 에디슨의 말에 포드는 휘발유 자동차 제작에 전념했고, 그렇게 포드는 기업인으로서 커다란 성공을 거머쥐게 되었어요.

 노동자의 임금을 올려라

포드는 노동자 임금을 2배로 올려 세상을 놀라게 했답니다. 노동자의 구매 능력을 높이면 결국 자사 제품도 잘 팔려 기업이 흥하고, 경제도 풍족해질 거라고 생각했기 때문이지요.

● 천재의 명언 ●

내 관점뿐 아니라 상대방의 관점에서 사물을 보는 능력.

사람들이 '성공의 비결'에 대해 물었을 때 포드는 이렇게 대답했다고 해요. 포드는 여러 사람의 의견을 듣고자 했어요. 많은 사람을 이끌기 위해서는 이렇게 다양한 관점을 갖는 것도 중요하답니다.

세계적인 프라이드치킨 체인의 창업자

커넬 샌더스

출생~사망: 1890년~1980년   출신: 미국   직업: 기업인

✦ 천재의 습관 ✦

수입의 일부를 기부하기

인지도 ★★★★★   난이도 ★★★★★   흥미도 ★★★★★

어떤 습관일까?

투철한 봉사 정신이 성공의 열쇠

커넬 샌더스는 우리나라에서도 인기 있는 켄터키 프라이드치킨(KFC)의 창업자랍니다. 그는 사업으로 성공을 거두기 전부터 자신의 수입 일부를 항상 교회에 기부했어요. 그런 그의 행동 이면에는 '타인에게 봉사하는 사람이 가장 큰 이익을 보는 사람'이라는 신념이 있었어요. 실제로 그는 이 신념대로 행동했고 사업적으로도 크게 성공하게 된답니다.

65살에 무일푼이 되다

일찍이 아버지를 여읜 커넬 샌더스는 집안을 보살피기 위해 어렸을 때부터 일을 할 수밖에 없었어요. 농부, 페인트공, 군인, 철도원 등 다양한 일을 경험했고 30대 후반에 주유소를 경영하기 시작했지요. 이후 주유소 창고를 개조해 작은 카페를 여는데, 이것이 샌더스가 향후 요식업을 시작하는 계기가 되었답니다. 그리고 그 카페가 식당으로 바뀌면서 프라이드치킨이 인기 메뉴로 등극하게 되었어요. 하지만 고속도로 개통 등으로 인해 식당 운영에 어려움이 생기고 고객 수가 줄어들면서 가게를 내놓아야 하는 상황에 몰리게 되고 말아요. 이때 샌더스의 나이는 60대 중반이었지요.

새로운 사업에 뛰어들다

무언가를 시작하기에는 늦은 나이라고 생각할 수도 있었지만, 샌더스는 포기하지 않고 이때부터 새로운 사업에 뛰어들었어요. 인기 메뉴였던 프라이드치킨 레시피를 내걸고 프랜차이즈 사업을 시작했어요. 그는 자동차에 치킨 양념을 가득 싣고 전국을 돌아다녔답니다. 그렇게 식당을 한 집 한 집 돌아다니면서 사업은 급속도로 번창하기 시작해요. 그리고 결국 그가 만든 프라이드치킨은 전 세계에서 사랑받는 메뉴로 자리매김하게 되지요.

> 기부는 결국 나를 위한 일이지

● 천재의 명언 ●
달리기를 그만두면 그 사람은 곧장 언덕에서 굴러 떨어지게 된다.

 활발한 친선 대사 활동
친선 대사로 일하던 시절, 샌더스는 여러 나라를 돌아다니며 활발하게 활동했어요. 그는 "일본 KFC가 제일 맘에 든다"라고 말하기도 했다네요.

65살의 나이에 사업을 시작하고, 74살에 경영 일선에서 물러난 샌더스는 이후에도 기업의 친선 대사로 활동해요. 그는 세상을 떠난 90살까지도 일을 멈추지 않았지요. 마지막 순간까지 결코 인생의 달리기를 멈추지 않았답니다.

애플을 부활시킨 카리스마 경영자

스티브 잡스

출생~사망: 1955년~2011년 출신: 미국 직업: 기업인

✦ 천재의 습관 ✦

거울 앞에 서서 스스로에게 물어보기

인지도 ★★★★★   난이도 ★★★★★   흥미도 ★★★★★

어떤 습관일까?

17살부터 계속해 온 습관

스티브 잡스는 10대 시절부터 매일 아침 거울에 비친 자신에게 "만약 오늘이 내 인생 마지막 날이라면, 오늘 하려고 했던 일을 정말 해야 할까?"라고 질문했답니다. 그리고 "아니."라는 대답이 나오면 뭔가 변화가 필요한 시점이구나, 하고 깨달았다고 해요. 여러분도 한번 따라 해 보는 건 어떨까요? 잡스처럼 후회 없이 살 수 있도록 말이에요.

회사에서 쫓겨난 창업자

잡스는 '애플'의 공동 설립자 중 한 명으로, 스마트폰을 세상에 널리 퍼뜨린 일등 공신이지요. 마치 영화 같은 그의 성공 신화 덕분에 잡스는 흔히 카리스마 넘치는 경영자로 그려지고는 한답니다. 하지만 사실 그는 대하기 어렵고 이상이 너무 높다는 이유로 동료들에게 따돌림을 당하기도 하고 회사에서 쫓겨나기까지 해요. 그러나 잡스가 떠나자 회사는 쇠퇴의 길을 걷게 되지요. 결국 도산 직전까지 내몰리자 '안 되겠어. 그 녀석을 부르는 수밖에!'라며 잡스를 다시 불러들이게 된답니다. 물론 까다로운 구석은 있었지만, 그의 재능만큼은 많은 사람에게 인정을 받았던 것이지요.

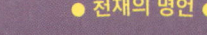
이상이 높기 때문에 해낼 수 있는 거야!

적자 기업을 재건

이렇게 다시 돌아온 잡스는 획기적인 제품을 내놓기 시작해요. 적자가 계속되던 회사를 보기 좋게 재건했어요. 엄청난 수익을 올리며 세계 최대 기업으로 거듭날 수 있도록 큰 공을 세웠지요. 실제로 잡스가 복귀한 후 약 20년 만에 애플의 주가가 100배나 뛰기도 했어요. 애플에게 잡스는 구세주 같은 존재였답니다. 안타깝게도 2011년에 병으로 세상을 떠났지만, 경영자로서의 그의 능력은 지금도 전설처럼 전해 내려오고 있지요.

● 천재의 명언 ●
한 가지를 이루었다고 생각하면 바로 다음으로 넘어가라.

잡스는 제품 하나가 크게 성공해도 개의치 않고 계속해서 새로운 아이디어를 냈어요. 한 번의 성공에 안주하지 않고, 계속 새로운 도전을 했지요. 이러한 끝없는 도전은 그가 성공하는 데 든든한 발판이 되었다고 할 수 있어요.

조각상식 잡스의 임금은 1달러?!
잡스는 애플을 다시 세우기 위한 남다른 각오를 보여 주었어요. 자신의 임금을 1달러로 정하고 사원들의 사기를 북돋웠지요.

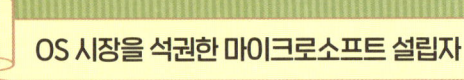

OS 시장을 석권한 마이크로소프트 설립자
빌 게이츠

출생~사망: 1955년~　출신: 미국　직업: 기업인

✦ 천재의 습관 ✦

매일 독서하기

인지도　　　난이도　　　흥미도

어떤 습관일까?

마음을 편안하게 해 주는 독서

빌 게이츠는 아무리 바빠도 매일 책을 읽는 습관을 들였어요. 그는 비즈니스 도서에서 소설까지 장르를 가리지 않았고 직접 자신의 블로그에 책을 추천하기도 했어요. 독서는 지식과 교양을 기를 수 있는 것은 물론이고 마음을 편안하게 해 준다고 하니, 여러분도 매일 조금씩이라도 책을 읽는 습관을 들여 보세요.

컴퓨터를 세상에 널리 퍼뜨리다

빌 게이츠는 세계적인 소프트웨어 기업 '마이크로소프트'의 창업자 중 한 명으로, 그의 가장 큰 공적은 윈도(Windows)라는 OS를 개발한 것이지요. OS는 컴퓨터를 작동시키기 위한 기반이 되는 시스템을 말하는데, 이를 통해 누구나 쉽게 컴퓨터를 이용해 다양한 소프트웨어를 사용할 수 있게 되었어요. 그가 만든 OS가 여러 컴퓨터에 탑재되면서 폭발적인 인기를 끌었답니다. 그전까지는 컴퓨터가 있는 가정이 거의 없었지만, 윈도가 개발되면서 순식간에 일반 가정에도 컴퓨터가 보급되기 시작했어요. 빌 게이츠는 컴퓨터를 세상에 널리 퍼뜨린 인물이라고 할 수 있겠지요.

세계 최고의 부자

빌 게이츠는 사업이 큰 성공을 거두면서 어마어마한 부자가 되었어요. 미국에서 발표한 세계 부자 순위에서 1994년부터 무려 13년 연속으로 1위를 기록했을 정도랍니다. 그의 자산은 2021년 기준으로 140조 원에 달한다고 해요. 한편 그는 다양한 자선 단체와 과학 연구 프로그램에 거액을 기부하는 등 사회 공헌 활동에도 적극적으로 참여하고 있어요. 또 재산의 절반을 자선 사업에 기부하겠다고 공언하기도 했답니다.

● 천재의 명언 ●

우주? 우리는 아직 지구에서 해야 할 일이 많다.

최근 많은 자산가가 우주여행에 대해 아낌없이 투자하는 모습을 보면서 빌 게이츠는 이렇게 비판했다고 해요. 덧붙여 "나는 말라리아나 에이즈 등의 병을 고치는 데 더 관심이 많다"라고 이야기하기도 했지요.

조각상식 | 스티브 잡스와는 라이벌 관계

빌 게이츠의 라이벌은 누가 뭐라 해도 애플을 세운 스티브 잡스 아닐까요? 팽팽한 라이벌 관계에 있던 두 사람은 언제나 서로를 의식했다고 해요.

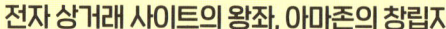

전자 상거래 사이트의 왕좌, 아마존의 창립자

제프 베이조스

출생~사망: 1964년~   출신: 미국   직업: 기업인

✦ 천재의 습관 ✦

무슨 일이 있어도 수면 시간 지키기

인지도   난이도   흥미도
      ★★★★★

어떤 습관 일까?

충분한 수면으로 업무 효율 UP

아마존의 수장으로 바쁜 일상을 보내는 제프 베이조스는 매일 최소 8시간의 수면 시간을 지키고 있어요. 그는 효율적으로 일하기 위해서는 충분한 수면이 가장 중요하다고 생각해 알람도 맞추지 않는다고 해요. 졸음을 참으면서 일하면 효율적이지 않겠지요. 그럴 때는 일단 눈을 붙이고 재충전하는 편이 훨씬 나을 수 있어요.

시대의 흐름을 읽는 눈

세계 최대 전자 상거래 사이트인 '아마존'은 책과 음악, 가전, 의류 등 다양한 물건을 구매할 수 있는 매우 편리한 사이트랍니다. 베이조스는 원래 금융 회사에서 일했어요. 1990년대에 들어서면서 인터넷이 빠르게 퍼지게 되자 그는 '앞으로는 인터넷으로 쇼핑하는 시대가 올 거야!'라고 예측했지요. 이러한 기회를 놓치면 평생 후회하게 될 거라고 생각했던 베이조스는 과감하게 일을 그만두고 회사를 차리기로 해요. 그리고 1995년에 아마존을 만들게 된답니다. 그가 예상했던 대로 아마존은 매년 매출이 급상승했어요. 시대의 흐름을 제대로 읽은 셈이지요.

소비자의 니즈 파악하기

아마존이 성공한 이유는 소비자가 무엇을 갖고 싶어 하고 또 원하는지 철저하게 분석했기 때문이랍니다. 아마존은 가장 먼저 책부터 판매하기 시작했어요. 비즈니스, 인문, 교육, 역사 등 다양한 장르의 책은 소비자가 어떤 장르에 관심이 있는지 분석하는 데 안성맞춤이었지요. 이러한 분석 시스템을 토대로 이후 아마존은 책 이외에도 여러 제품들을 판매하며 매출을 올릴 수 있었어요.

시대의 흐름을 잘 탔어!

● 천재의 명언 ●

다양한 선택지, 저렴한 가격, 신속하고 확실한 배송.

베이조스는 '언제나 고객이 원하는 것'으로 이 세 가지를 제시했는데요. 이것이 그의 경영 철학의 기본이 되기도 했답니다. 실제로 아마존의 서비스는 이 세 가지를 완벽하게 충족하는 것으로 유명하지요.

> **조각상식** 다음 기회는 우주에 있다?
> 베이조스는 2000년에 유인 우주비행 사업과 관련된 회사를 설립했어요. 그는 누구나 안전하고 즐거운 마음으로 떠날 수 있는 우주여행 사업을 추진하고 있답니다.

거대 IT 기업의 공동 창업자

래리 페이지

출생~사망: 1973년~ 출신: 미국 직업: 기업인

✦ 천재의 습관 ✦

업무 시간의 20%는 좋아하는 연구에 쓰기

인지도 ★★★★☆   난이도 ★★★★★   흥미도 ★★★★☆

어떤 습관 일까?

무엇보다 중요한 20%

세계 최대 검색 엔진 사이트로 유명한 구글의 공동 창업자인 래리 페이지는 '자신이 좋아하는 일을 연구하는 데 업무 시간의 20%를 할애하라'라는 사내 규칙을 만들었어요. 바로 성과로 이어지지 않을 수도 있지만, 매일 정해진 시간을 들여 자유롭게 연구하다 보면 미래에는 새로운 서비스가 탄생하게 되겠지요?

천재들의 운명적인 만남

페이지의 부모님은 미시간 주립대학교에서 컴퓨터 과학을 가르치는 교수였어요. 그래서 집에는 언제나 컴퓨터나 과학 관련 잡지가 쌓여 있었고, 그 역시 어릴 적부터 잡지 읽는 것을 좋아했다고 해요. 페이지는 6살에 이미 컴퓨터를 만지기 시작했고 그 매력에 푹 빠지게 되었어요. 이후 스탠퍼드 대학교 박사 과정을 밟고 있던 페이지 앞에 운명적인 사람이 나타납니다. 바로 세르게이 브린이었지요. 그야말로 천재들의 만남이었어요. 서로 이야기가 잘 통했던 것은 물론, 논문을 함께 집필하기도 하고 나중에는 구글을 함께 설립하게 되지요.

획기적인 검색 엔진을 만들다

구글은 그전까지 없었던 검색 엔진 시스템을 만들면서 세상에 알려지게 되었어요. 구글의 경쟁력은 기존의 상식을 뒤엎었다는 점에 있었어요. 기존 검색 엔진들이 한 페이지 안에 들어 있는 단어의 양을 중요하게 생각했다면, 구글은 외부에 걸려 있는 링크의 중요성에 더욱 집중했답니다. 이에 따라 구글은 대인기를 끌게 되었고 이후에도 이미지 검색과 메일, 지도 등의 다양한 서비스를 제공하면서 세계적인 IT 기업으로서 발돋움하게 된답니다.

좋아하는 일에 집중하는 시간을 소중히 해요

조각상식 실수로 만들어진 회사 이름?

사실 '구글(Google)'의 원래 이름은 10의 100승을 뜻하는 '구골(Googol)'이었어요. 그런데 회사 이름을 등록할 때 철자를 잘못 적어 넣는 바람에 그대로 사용하게 되었다고 해요.

● 천재의 명언 ●

야심 차게 일을 진행하는 것이 더욱 쉬운 일이다.

페이지는 야심 차게 일을 진행하면 다른 사람의 도움이나 필요한 자원을 더욱 쉽게 얻을 수 있다고 말했답니다. 실제로 자신이 구글이라는 기업을 움직이면서 전 세계 사람들의 생활을 바꿔 놓기도 했지요.

페이스북을 세운 젊은 리더
마크 저커버그

출생~사망: 1984년~   출신: 미국   직업: 기업인

✦ 천재의 습관 ✦

매일 같은 티셔츠 입기

| 인지도 | 난이도 | 흥미도 |
★★★★★ ★★★★☆ ★★★★☆

어떤 습관일까?

매일 결정해야 하는 사소한 일은 최소한으로 줄이기

페이스북 창립자 중 한 명인 마크 저커버그는 매일 8시에 일어나서 같은 티셔츠를 입는 습관이 있답니다. 이 습관은 옷을 고르는 데 들어가는 불필요한 시간을 절약하기 위해서라고 해요. 그는 회사를 발전시키는 일과 상관없는 결정은 최소한으로 줄여야 한다고 생각했거든요. 결정해야 하는 일이 워낙 많기에 일상 속의 사소한 일들은 미리 해치워 두고 시간을 절약하는 것이지요.

페이스북의 전신은 외모 평가 사이트?!

어릴 적부터 컴퓨터 프로그래밍 기술을 배운 저커버그는 어린이용 컴퓨터 게임을 만들거나, 치과 의사였던 아버지의 일을 돕는 프로그램을 만들면서 그의 능력을 꾸준하게 발휘해 왔답니다. 시간이 흘러 대학생이 된 저커버그는 여학생들의 외모를 평가하는 사이트를 만들었어요. 당시 자신을 거절한 여학생에게 복수하기 위해서 만든 것이지요. 하지만 타인의 사진을 멋대로 사용한다는 점 때문에 다른 학생들에게 엄청난 비난을 받았답니다. 이 일은 대학교 내에서도 커다란 문제가 되지요. 추후에 그는 이 사이트를 업그레이드하고 보완해서 페이스북을 만들었답니다.

세상을 놀라게 하고 싶었다

저커버그가 페이스북을 설립한 이유는 꼭 회사의 이윤 때문만은 아니라고 해요. 페이스북이 화제가 되면서 많은 기업이 인수하겠다는 뜻을 밝히기도 했지만, 그는 돈을 벌기 위해서 만든 사이트가 아니라며 단호하게 거절했답니다. 저커버그는 한 명이라도 더 많은 사용자를 모아 전 세계가 서로 이어지기를 바랐어요. 세상을 깜짝 놀라게 하고 싶었던 것이지요.

뭘 입을지 고민하는 시간조차 아까워

● 천재의 명언 ●

완벽한 것보다 먼저 끝내는 것이 더 중요하다.

무언가를 만들 때 완벽한 퀄리티를 고집한 나머지 애매한 상태에서 일이 끝나거나, 도중에 포기하고 마는 일이 종종 생겨요. 하지만 중요한 것은 조금 부족하더라도 일단 시작한 일을 끝내는 것이랍니다.

 조각상식  그를 주인공으로 한 영화까지?

2010년에 개봉된 영화 「소셜 네트워크」는 페이스북을 창립했던 당시의 저커버그를 그린 작품으로, 엄청난 인기를 끌었답니다.

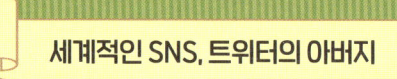

세계적인 SNS, 트위터의 아버지

잭 도시

출생~사망: 1976년~   출신: 미국   직업: 기업인

✦ 천재의 습관 ✦

하루에 한 끼만 먹기

인지도	난이도	흥미도

어떤 습관 일까?

적게 먹으면 집중력이 올라간다?

잭 도시는 하루에 한 끼만 먹는 습관이 있어요. 게다가 주말에는 아예 식사를 하지 않을 때도 있다고 해요. 그는 식사량을 줄이면 집중력이 좋아지고 일의 효율이 높아진다고 생각했거든요. 하지만 지나치게 식사량을 줄이게 되면 영양이 부족해질 수도 있지요. 아무래도 성장기에 있는 어린이들은 따라 하지 않는 편이 좋을 것 같아요.

프로그래밍이 특기인 펑크 소년

도시는 전 세계 사람들이 사용하는 트위터를 만들었어요. 그는 어렸을 때부터 컴퓨터를 좋아했어요. 14살에 택시 배차 서비스 프로그램을 직접 만들기도 하며 프로그래밍에 눈부신 재능을 보였지요. 한편 그는 펑크 록의 매력에도 푹 빠져 있었어요. 머리를 파랗게 물들이는가 하면 피어싱을 하고 타투를 새기는 등 이른바 '펑크 소년'이었답니다. 이후 대학에 들어간 도시는 얼마 안 있어 중퇴하고 회사를 세웠어요. 이전에 만들었던 택시 배차 서비스 프로그램을 제공하는 회사였지요. 하지만 함께 설립한 동료들과 싸우면서 회사도 그만두게 되었답니다.

트위터의 시작

이후 프리랜서로 일하던 도시는 29살에 프로그래머로 취직해요. 그곳에서 "새로운 서비스에 대한 좋은 아이디어가 없을까?"라는 질문을 받은 도시는 "자신의 현재 상태를 가볍게 끄적일 수 있는 서비스가 있으면 재밌지 않을까요?" 하고 제안했어요. 이것이 바로 트위터의 원형이 되었답니다. 이 아이디어는 사내에서 좋은 평가를 받았고, 2006년에 트위터 서비스가 시작되었어요. 그리고 지금까지도 전 세계인들이 널리 사용하는 SNS가 되었답니다.

 최초의 트윗은 도시의 게시물

트위터의 최초 게시물은 도시가 올린 것으로, 그 내용은 "Just setting up my twttr(내 트위터 설정 중)"였어요. 당시에는 'twttr'라는 명칭이었다고 하네요.

● 천재의 명언 ●

가지고 있기만 한 아이디어는 아무런 소용이 없다.

어떤 아이디어라도 생각만 하고 있으면 아무 소용이 없겠지요. 아이디어를 실현하기 위해 필요한 것이 무엇인지 생각하고, 실제로 행동에 옮기는 것이 중요하답니다.

세계적인 스포츠 브랜드, 나이키의 창립자

필 나이트

출생~사망: 1938년~   출신: 미국   직업: 기업인

✦ 천재의 습관 ✦

하루도 빠짐없이 달리기

인지도 ★★★★☆   난이도 ★★★★☆   흥미도 ★★★★☆

어떤 습관일까?

그냥 달리는 게 좋아

학창 시절에 육상을 했던 필 나이트는 성인이 되어서도 매일 달리기를 했어요. 물론 건강 때문이기도 했지만 그는 달리기 자체를 좋아했답니다. 나이트는 자서전에 '나는 달리기를 믿는다. 모든 사람이 매일 몇 마일씩 달리면 분명 세상은 더 좋아질 것이라고 믿는다'라고 썼을 정도로 달리기에 대한 신념이 있었답니다.

협상의 열쇠는 허풍?

나이트는 세계적인 스포츠 브랜드인 나이키를 창립한 인물이에요. 대학 시절, 그는 논문에서 일본의 신발 브랜드를 다루면서 '일본의 운동화를 미국에서 팔면 괜찮은 사업이 되지 않을까?' 하고 생각했다고 해요. 이후 나이트는 곧장 한 일본 운동화 브랜드에 방문해 자신을 '블루리본 스포츠'라는 회사의 대표라고 소개하며 운동화를 미국에서 판매할 수 있도록 협상을 시도하지요. 사실 블루리본 스포츠라는 회사는 존재하지 않았어요. 모두 나이트의 허풍이었지요. 하지만 효과는 있었답니다. 나이트는 결국 미국 판매권을 획득하는 데 성공했고, 이것이 나이키 탄생의 첫걸음이 되었어요.

우여곡절 끝에 탄생한 나이키

미국으로 돌아온 나이트는 일본 운동화를 판매하기 시작했어요. 하지만 생각보다 수익이 나지 않자 그는 직접 신발을 만들기로 결심하지요. 그리고 1971년, 드디어 나이키의 상징인 '스우시'가 새겨진 자사 신발이 탄생해요. 이 신발에 나이키라는 브랜드명이 붙여지면서 회사 이름도 나이키로 변경되지요. 이후 나이키는 순조롭게 수익을 올리면서 세계 최고의 기업으로 성장했답니다.

최고의 스포츠 신발을 만들 거야!

● 천재의 명언 ●
모두에게 이렇게 말하고 싶다.
자기 자신을 믿어라.
그리고 신념을 가져라.

우리는 다른 사람의 의견대로 움직이거나 주위 시선을 신경 쓰기 쉬워요. 하지만 이럴 때 나이트의 말을 떠올리면 용기를 얻을 수 있을 거예요. 여러분도 자신만의 신념을 가지고 살아가 보세요.

 조각상식 **나이키 이름의 유래**
나이키는 그리스 신화에 나오는 승리의 여신 '니케(Nike)'에서 온 이름이랍니다. 로고 마크인 '스우시'가 마치 날개를 펼친 니케의 모습처럼 보인다는 데서 유래했다고 해요.

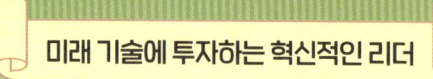

미래 기술에 투자하는 혁신적인 리더

일론 머스크

출생~사망: 1971년~   출신: 남아프리카공화국   직업: 기업인

✦ 천재의 습관 ✦

5분 단위로 스케줄 짜기

인지도    난이도    흥미도

어떤 습관일까?

촘촘하게 스케줄 짜기

일론 머스크는 일주일에 100시간이나 일하는 일 중독자로 유명해요. 그는 업무 생산성을 높이기 위해 하루 일정을 5분 단위로 짜고 그것을 충실히 이행하고 있답니다. 이렇게 하면 5분 후에는 또 다음 계획이 기다리고 있기 때문에 게으름 피울 시간도 없이 일에 집중할 수 있다고 해요. 여러분도 한번 따라 해 보는 건 어떨까요?

전기 자동차의 가능성을 엿보다

머스크는 2019년에 잡지 『포브스』가 선정한 '미국에서 가장 혁신적인 리더' 순위에 아마존의 CEO 제프 베이조스와 함께 1위에 올랐어요. 누구도 실현할 수 없을 것이라고 생각한 사업에 도전하는 그의 모습은 혁신적인 리더로 뽑히기에 충분하지요. 그중 하나가 바로 전기 자동차 브랜드 '테슬라'였어요. 그가 2004년 테슬라에 출자했을 때만 하더라도 다들 전기 자동차의 보급은 어려울 것이라고 생각했어요. 하지만 2020년에 전 세계가 '탈산소'를 외치면서 전기 자동차가 주목받기 시작했지요. 테슬라는 신시대의 전기 자동차 산업을 책임지는 존재가 되었고, 머스크는 자신의 눈이 옳았다는 것을 증명해 보였답니다.

이제는 전기 자동차의 시대가 될 거야!

누구나 우주에 갈 수 있는 시대

또 하나의 혁신적인 도전은 '스페이스X'랍니다. 스페이스X는 머스크가 설립한 민간 기업으로, 우주 수송용 로켓을 제조 및 개발하고 있으며 우주여행 실현을 목표로 하고 있지요. 마치 꿈같은 이야기로 들리겠지만 앞으로 10년이나 20년 뒤에는 누구나 우주여행을 갈 수 있을지도 몰라요. 굉장히 흥미진진한 사업을 벌이는 회사라고 할 수 있겠지요.

● 천재의 명언 ●
다른 사람이 일주일에 50시간 일한다면 나는 100시간 일하겠다.

 조각상식 주식으로 얻은 막대한 수익
2010년에 5달러 정도였던 테슬라의 주식은 2021년에 1,000달러 이상으로 치솟았어요. 이로 인해 머스크는 막대한 수익을 손에 쥘 수 있었답니다.

최근 들어서 주 52시간 근로제 등과 같이 일하는 방식에 관련한 개혁이 이루어지고 있는데요. 이와 다르게 머스크는 오히려 바쁘게 일하는 것을 선호한다고 해요. 이 정도의 열정이 있어야 세계를 바꿀 혁신적인 서비스가 탄생하는 것일지도 몰라요.

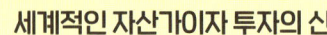

워런 버핏

출생~사망: 1930년~   출신: 미국   직업: 투자가

✦ 천재의 습관 ✦

중요하지 않은 일은 단호하게 거절하기

인지도 ★★★★☆   난이도 ★★★★☆   흥미도 ★★★★☆

어떤 습관 일까? 일상생활은 모두 **미니멀 라이프**

세계적인 투자가로 활동 중인 워런 버핏은 직업상 무척 바쁜 날들을 보낼 것 같지만, 사실 그의 수첩에 적혀 있는 일정은 아주 간단하다고 해요. 자신에게 꼭 필요하고 중요한 일에만 시간을 들이기 때문이지요. 그래서 중요하지 않은 일은 모두 거절하고 있다고 해요. 물건뿐 아니라 일정도 최소한으로 짜는 미니멀 라이프를 실천하고 있는 셈이지요.

세계 부자 순위에 항상 등장하는 자산가

'투자가'란 기업이 발행하는 주식 등의 금융 상품을 사고팔면서 이익을 창출하는 사람이랍니다. 버핏은 투자가 중에서도 가장 성공한 인물로 알려져 있어요. 자산은 수조 원이나 되며, 미국 경제지가 매년 발행하는 '세계 부자 순위'에서 30년 이상 상위권을 유지하고 있어요. 버핏이 처음 주식을 산 것은 11살 때였어요. 한 주에 38달러짜리 주식을 3주 사서 40달러가 됐을 때 팔아 이익을 남겼지요. 하지만 이후에도 그 주식의 가치가 계속 올라가서 나중에는 200달러나 되었다고 하네요. 이 경험을 통해 버핏은 작은 이익을 위해 서두르면 안 된다는 교훈을 얻었다고 해요.

미래를 내다보는 넓은 시야

버핏은 투자에 대해 "5년, 10년, 20년 뒤에 지금보다 더 많은 이익을 벌어들일 기업의 주식을 적정 가격으로 사는 것"이라고 말했어요. 투자를 할 때는 마음이 조급한 나머지 단기적인 상황만 바라보고 거래하는 경우가 많아요. 하지만 큰 수익을 위해서라면 5년 이상 멀리 볼 수 있는 넓은 시야가 필요하지요. 미래를 내다보기 위해서는 지식과 정보, 분석력도 필요해요.

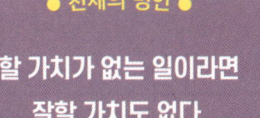
"NO!"라고 말할 용기를 갖자

● 천재의 명언 ●
할 가치가 없는 일이라면 잘할 가치도 없다.

중요하지 않은 일은 모두 거절하는 '버핏'다운 말이에요. 큰 의미가 없는 일이라고 해도 어쩔 수 없이 하게 될 때가 많지요. 그럴 때는 과감하게 거절하는 용기도 필요한 법이랍니다. 정말 가치 있는 것이 무엇인지 생각해 보는 자세도 중요해요.

조각 상식 중요한 정보는 모두 암기하기
버핏은 어렸을 때부터 기억력이 뛰어나서 중요한 정보는 모두 외웠다고 해요. 그는 이런 습관이 자신을 성공으로 이끌었다고도 이야기했답니다.

전쟁을 승리로 이끈 프랑스 황제
나폴레옹 보나파르트

출생~사망: 1769년~1821년   출신: 프랑스   직업: 군인, 황제

✦ 천재의 습관 ✦

언제 어디서든 독서하기

인지도	난이도	흥미도
★★★★★	★★★☆☆	★★★★★

어떤 습관일까?

전쟁의 승패는 지식의 양에 달려 있다!

프랑스 혁명 이후, 여러 전쟁을 승리로 이끈 나폴레옹은 결국 황제의 자리까지 오르게 되지요. 그의 강력한 힘의 비결은 엄청난 독서량으로 다져진 지식에 있었답니다. 그는 집에서는 물론, 전쟁터에서도 독서 전용 마차 안에서 책을 읽을 정도로 책벌레였어요. 4주간의 이집트 원정길에서도 1,000권 이상의 책을 들고 갔다고 해요.

군인에서 황제까지, 파란만장한 생애

나폴레옹은 지중해에 위치한 코르시카섬에서 태어났어요. 청년으로 성장한 뒤 그는 파리에 있는 육군사관학교를 나와 군인이 되었지요. 나폴레옹은 다양한 전술을 구사하면서 전투에 임해 승리를 거듭했고, 군에서도 그 능력을 인정받아 출셋길에 오르게 됩니다. 결국 황제의 자리까지 올라 민중의 지지를 얻으며 전성기를 맞이하지만, 인생은 꼭 좋은 일만 일어나지는 않는 모양이에요. 프랑스가 다른 나라의 공격을 받아 패배를 맛보자 나폴레옹은 황제 지위를 박탈당하고 말아요. 유배지에서 돌아오면서 재기를 꿈꿨지만, 그는 결국 남대서양에 있는 세인트헬레나섬으로 다시 유배되면서 쓸쓸하게 생을 마감했어요.

하루에 3시간 잔다는 이야기는 거짓말?

나폴레옹은 하루에 3시간밖에 자지 않는다는 일화로 유명하지요. 그러나 이 일은 거짓으로 밝혀졌답니다. 실제로는 하루에 7시간씩 수면을 취했다고 해요. 그는 좋은 소식이 있을 때는 깨우지 말고, 나쁜 소식일 때는 바로 깨우도록 부하에게 지시하기도 했는데요. 좋은 소식은 나중에 들어도 문제없지만 나쁜 소식은 바로 대처해야 늦지 않기 때문이지요.

어떤 일이 있어도 책만큼은 손에서 놓지 않아!

● 천재의 명언 ●
**무엇이든 신중히 생각하라.
하지만 행동해야 할 때가 오면
곧바로 실행하라.**

다양한 지식과 정보를 토대로 전술을 세웠던 나폴레옹은 신중함과 함께 행동의 중요성에 대해서도 이야기했어요. 그것이 곧 승리로 이어지게 되니까요.

조각 상식 과연 어떤 책을 읽었을까?
나폴레옹은 주로 주변국의 역사책과 동서고금의 전략, 전술과 관련된 책, 기상학, 군주론 등을 읽었어요. 넓게 보면 모두 군사와 관련된 책들이었지요.

◎ 월트 디즈니 (기업인)

◎ 루트비히 판 베토벤 (작곡가)

◎ 게오르크 프리드리히 헨델 (작곡가)

◎ 볼프강 아마데우스 모차르트 (작곡가)

◎ 프레데리크 쇼팽 (작곡가)

◎ 프란츠 리스트 (작곡가)

◎ 어니스트 헤밍웨이 (작가)

◎ 표도르 도스토옙스키 (작가)

◎ 프란츠 카프카 (작가)

◎ 레프 톨스토이 (작가)

◎ 한스 크리스티안 안데르센 (작가)

◎ J.K. 롤링 (작가)

◎ 요한 볼프강 폰 괴테 (작가)

◎ 레오나르도 다빈치 (화가, 과학자)

◎ 파블로 피카소 (화가)

◎ 빈센트 반 고흐 (화가)

◎ 코코 샤넬 (디자이너)

◎ 이브 생 로랑 (디자이너)

◎ 알프레드 히치콕 (영화감독)

◎ 스티븐 스필버그 (영화감독)

3장

톱 크리에이터 편

3장은 톱 크리에이터 편이에요. 작가, 작곡가, 영화감독 등 모두 무에서 유를 창조하는 직업이지요. 고독해지기 쉬운 창작의 과정을 버티게 해 준 것은 천재들이 독자적으로 만들어 낸 일상 속의 습관 덕분이랍니다.

꿈과 동심의 상징, 디즈니의 창립자

월트 디즈니

출생~사망: 1901년~1966년   출신: 미국   직업: 기업인

✦ 천재의 습관 ✦

아침은 든든하게 점심은 가볍게 먹기

인지도	난이도	흥미도
★★★★★	★★★★★	★★★☆☆

어떤 습관일까?

든든한 식사로 하루 시작하기

늘 바쁘게 일했던 월트 디즈니는 아침 식사를 든든하게 챙겨 먹으며 하루를 시작했어요. 그는 아침을 잘 먹으면 뇌와 몸이 활발하게 깨어난다고 여겼지요. 그에 비해서 점심은 샐러드와 같이 가벼운 음식을 먹었답니다. 한편 그는 주머니에 항상 견과류와 크래커 등의 간식을 넣어 두고 일하면서 틈틈이 꺼내 먹었다고 해요.

세계적인 엔터테인먼트 회사

여러분은 '디즈니' 하면 어떤 것이 떠오르나요? 신나는 테마파크? 아니면 귀여운 캐릭터? 이런 꿈같은 세상을 만든 사람이 바로 월트 디즈니랍니다. 하지만 처음부터 사업이 성공적이었던 것은 아니에요. 그는 10대 시절 애니메이션과 광고 디자인 일을 시작했지만 모두 실패하고 말았어요. 이후 여러 고생 끝에 세운 애니메이션 제작 회사에서 그의 재능이 빛을 발하면서 애니메이션 영화를 만들게 되었지요. 곧이어 디즈니의 사업은 세계적으로 유명한 테마파크 건설까지 이어지고 세계적인 엔터테인먼트 회사로 발돋움하게 되었답니다.

철도와 스포츠 애호가

점심을 배불리 먹으면 졸려

어느 날 디즈니가 업무를 위해 이동할 때 기관실에 들어간 적이 있는데 이때 마치 어린아이처럼 좋아했다고 해요. 어렸을 때부터 엄청난 철도 애호가였거든요. 그가 만든 테마파크에 철도가 많이 놓여 있는 것도 이런 이유에서라고 하지요. 또한 그에게는 활동적인 면모도 있답니다. 바쁜 와중에도 아침 5시 반에 일어나 골프를 친 후 회사에 가거나 폴로, 스케이트, 댄스 등 다양한 스포츠를 즐기면서 건강을 관리했어요.

조각상식 과연 저녁 메뉴는 무엇일까?
디즈니는 값비싼 요리를 즐기지 않았어요. 저녁도 마카로니 치즈처럼 간단한 요리를 먹는 일이 많았다고 해요.

● 천재의 명언 ●

꿈을 이루기 위한 방법은 그저 일하는 것이다.

디즈니는 노년에 '꿈을 이루는 방법'에 대한 질문을 받자 "그건 일하는 수밖에 없지요."라고 대답했다고 해요. 그에게 있어 바쁘게 일하는 것은 꿈을 이루기 위한 수단이었던 것이지요.

3장 톱 크리에이터 편

불굴의 의지를 지닌 천재 작곡가
루트비히 판 베토벤

출생~사망: 1770년~1827년   출신: 독일   직업: 작곡가

✦ 천재의 습관 ✦

산책하면서 아이디어 떠올리기

인지도 ★★★★★   난이도 ★★★★★   흥미도 ★★★★★

어떤 습관일까?

일단 일어나서 걷기

음악의 수도라고 불리는 빈에서 지냈던 베토벤은 창작 활동을 하는 동안 틈틈이 산책을 즐겼어요. 조용한 숲길을 걸으면서 곡의 아이디어를 떠올렸다고 해요. 따뜻한 햇빛을 받으면서 걷거나, 풍경을 즐기며 자연의 소리를 들으면 몸과 마음이 모두 편안해지면서 긍정적인 기분이 샘솟는답니다.

괴팍한 천재의 대명사

'바바바밤!' 하며 시작하는 교향곡 제5번 「운명」과 연말이 되면 자주 흘러나오는 교향곡 제9번 「합창」 등 베토벤은 우리에게 친근한 곡들을 무척 많이 만들었어요. 그가 만든 곡의 매력은 뭐니 뭐니 해도 한 번 들으면 잊을 수 없는 강렬함 아닐까요? 베토벤이 만든 개성 넘치는 곡만큼이나 그 역시 상당한 괴짜로 알려져 있는데요. 외모를 전혀 가꾸지 않아 머리가 언제나 헝클어져 있었다고 해요. 모자도 쓰지 않고 거리를 걷다가 노숙자로 오해받는 바람에 경찰에 체포된 적도 있었답니다. 음악에 몰두한 나머지 다른 일에는 전혀 관심이 없었던 것이지요.

청력을 잃어버린 음악가

귀에 병이 생긴 베토벤은 결국 40살이 되던 해에 소리를 전혀 들을 수 없게 되었어요. 음악을 하는 데 있어서 청력은 무척 중요하기 때문에 일반적인 사람이라면 충격을 받고 모든 것을 다 그만두었을지도 몰라요. 하지만 그는 이런 역경에도 굴하지 않고 계속해서 명곡을 만들어 냈답니다. 과연 어떻게 작곡했을까요? 그 답은 정확하게 알려지지 않았지만, 그의 머릿속에는 언제나 음악이 마구 울렸다고 전해지고 있습니다.

'운명'을 받아들이자

● 천재의 명언 ●

고뇌를 통해 환희를 맛본다.

베토벤이 만든 곡에는 고뇌와 환희의 감정이 모두 표현되어 있어요. 그의 인생 경험에서 우러나온 것이지요. 청력을 잃었음에도 불구하고 음악을 포기하지 않았던 그의 삶의 방식이 이 말에 잘 녹아들어 있네요.

조각상식 '악성'이라고 불리는 베토벤

베토벤은 '악성(樂聖)'이라고도 불려요. 이는 '음악의 성인'이라는 뜻으로, 아주 뛰어난 음악가를 칭송하는 말이랍니다.

베토벤이 인정한 위대한 작곡가
게오르크 프리드리히 헨델

출생~사망: 1685년~1759년 출신: 독일 직업: 작곡가

✦ 천재의 습관 ✦

작업 과정을 꼼꼼하게 기록하기

인지도    난이도    흥미도

어떤 습관일까? **꼼꼼하게 기록하기**

옛날 작곡가들은 보통 곡을 어떻게 떠올리고 완성했는지에 대한 기록을 남기지 않았어요. 하지만 헨델은 달랐지요. 곡을 만든 시기, 아이디어가 떠올랐을 때의 메모, 그리고 어떤 과정을 거쳐 완성했는지를 모두 세세히 기록해 두었어요. 이 기록은 후세 사람들이 작곡 과정을 배우거나 연구하는 데 큰 도움이 되었답니다.

천재에게 천재라 불린 음악가

헨델의 이름을 모르는 사람이라고 해도 "할렐루야, 할렐루야" 하며 부르는 합창곡 「할렐루야」는 들어 본 적이 있을 거예요. 이 곡을 작곡한 사람이 바로 헨델이랍니다. 그는 독일, 이탈리아, 영국을 돌아다니면서 음악 활동을 했어요. 후대에 바로크 시대를 대표하는 작곡가로 평가받기도 하지요. 무엇보다 약 100년 후에 활약한 작곡가 베토벤이 헨델을 두고 가장 위대한 작곡가라고 칭송기도 했답니다. 그야말로 천재가 인정한 '진정한 천재'라고 할 수 있어요.

프로듀서계의 선구자

작곡가이면서 오르간 연주자로도 활약했던 헨델은 사실 프로듀싱 능력도 뛰어났어요. 그는 당시 귀족들이 만든 오페라 운영 회사 '왕실 음악 아카데미'라는 곳에서 예술 부문을 담당하는 중심인물이었어요. 왕실 음악 아카데미에서는 극장에 출연하는 가수들과 계약 협상을 하기도 했는데, 특히 헨델이 맹활약을 펼쳤다고 해요. 요즘 음악 활동을 하면서 프로듀싱까지 스스로 하는 아티스트가 많이 있는데, 헨델은 이 방면의 선구자였던 셈이에요.

 조각상식

헨델은 '음악의 어머니', 헨델과 동시대에 활약한 작곡가 바흐는 '음악의 아버지'라고 불립니다. 그만큼 이들의 음악이 후세에 크나큰 영향을 끼쳤다는 것이지요.

 조각상식

바로크 음악의 두 거장인 헨델과 바흐는 1685년에 태어난 동갑내기랍니다. 바흐가 만나자고 요청한 적은 있지만 헨델이 거절했고 해요. 아쉽게도 두 사람은 정식으로 만난 적이 없답니다.

'음악의 신동'이라 불린 음악 천재
볼프강 아마데우스 모차르트

출생~사망: 1756년~1791년　　출신: 오스트리아　　직업: 작곡가

✦ 천재의 습관 ✦

시간을 알차게 쓰기

인지도　　난이도　　흥미도
★★★★★　★★★★☆　★★★★☆

어떤 습관일까? **하루 일정 꽉 채우기**

젊은 시절부터 유명했던 모차르트는 무척 바쁜 일상을 보냈어요. 매일 아침 6시에 일어나서 용모를 단정히 하고 9시까지 작곡을 했답니다. 그 외에도 피아노 레슨을 하거나 콘서트에서 연주도 하고, 짬을 내어 연인을 만나러 가기도 했지요. 늦은 밤 집으로 돌아와서도 그는 잠들기 전까지 작곡을 했답니다. 바쁜 와중에도 시간을 허투루 쓰지 않는 것이 바로 모차르트의 방식이었어요.

어린 시절부터 받았던 음악 교육

음악가였던 모차르트의 아버지는 일찍이 그의 재능을 알아보았어요. 자연스럽게 모차르트는 어렸을 때부터 음악 교육을 받기 시작했답니다. 3살에 쳄발로라는 악기를 다뤘고, 5살에는 작곡을 했다고 하니 엄청난 재능이지요. 이후로도 그는 아버지와 함께 유럽 각지를 돌아다니며 연주했어요. 하지만 이런 모차르트에게도 약점은 있답니다. 바로 빈곤이었는데요. 곡에 대한 평판은 좋았지만 그에 비해 수입이 적었기 때문에 모차르트는 피아노 레슨이나 악보 출판 등으로 생계를 이어 나갔어요. 30대로 접어들면서부터 생활이 더욱 어려워졌고 건강까지 망가지고 말았어요. 결국 그는 병에 걸려 35살의 젊은 나이에 생을 마감했답니다.

너무 바빠서 잘 틈도 없어!

왜 그렇게 바빴을까?

피아니스트이자 작곡가로 인기를 얻으면서 젊은 시절부터 활약했는데도 모차르트는 왜 그렇게 바쁘게 일해야만 했을까요? 결정적인 이유는 모차르트의 낭비벽에 있었어요. 그는 돈이 생기는 족족 바로 써 버리고 말았거든요. 한편 모차르트가 너무나 뛰어난 천재였기 때문에 이탈리아의 음악가들이 그의 활동을 방해했다는 설도 있답니다.

> ● 천재의 명언 ●
>
> **많은 일을 해내는 지름길은
> 한 번에 하나만 하는 것이다.**

작곡을 하면서 피아노를 가르치고, 연주 활동도 했던 모차르트는 많은 일을 해냈다고 할 수 있어요. 하지만 그는 모든 일을 제각기 집중하면서 차근차근 해 나갔답니다.

조각상식 — 널리 쓰이는 모차르트의 곡

모차르트의 「아이네 클라이네 나흐트무지크」는 굉장히 유명한 곡이지요. 텔레비전 광고나 열차가 출발할 때 울리는 음악으로 쓰이기도 했답니다.

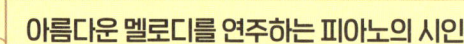

아름다운 멜로디를 연주하는 피아노의 시인

프레데리크 쇼팽

출생~사망: 1810년~1849년   출신: 폴란드   직업: 작곡가

✦ 천재의 습관 ✦

사소한 부분까지 철저하게 파고들기

인지도	난이도	흥미도

어떤 습관일까?

철저하고 자세하게 분석하기

쇼팽은 머릿속에 곡의 이미지가 떠올랐을 때부터 창작의 고통이 시작된다고 말했어요. 우선 머릿속에 떠오른 멜로디를 재현하기 위해 괴로워하다가 그 멜로디를 자세히 분석하는 작업에 들어갔지요. 그는 이 과정이 잘 풀리지 않으면 깊이 절망하며 며칠이나 방에 틀어박혀 울거나 기도했다고 해요. 이러한 창작의 고통을 맛보았기에 지금까지 전해지는 명곡이 탄생한 것이지요.

시를 써 내려가듯 치는 피아노

쇼팽은 주로 피아노 독주곡을 작곡했는데, 그 멜로디가 무척 아름다워서 '피아노의 시인'이라고도 불려요. 그 역시 모차르트와 마찬가지로 어렸을 때부터 음악과 가까운 환경에서 자랐답니다. 그의 아버지는 플루트와 바이올린 연주를 잘했고, 어머니는 피아노 지도를 하는 음악가 집안이었지요. 그런 환경에서 자란 쇼팽은 자연스럽게 피아노를 치게 되었고, 7살에 첫 작곡을 했다고 해요. 또 호기심이 왕성해 다양한 취미를 가지고 있었답니다. 유머 감각이 뛰어나고 재밌는 만화도 곧잘 그렸기 때문에 학교에서 친구들에게 인기가 많았다고 해요. 이런 성격은 그가 작곡하는 데 커다란 영향을 미쳤지요.

조르주 상드와의 만남

쇼팽은 프랑스 작가인 조르주 상드와 연인이었던 것으로도 유명하지요. 처음 만났을 때만 해도 쇼팽은 그녀를 별로 좋아하지 않았다고 해요. 하지만 예술가끼리 통하는 무언가가 있었던 걸까요? 그는 점점 그녀에게 빠져들었어요. 두 사람은 결국 연인이 되었고 긴 시간을 함께하게 되지요. 사실 쇼팽의 고집스러운 작곡 과정도 상드가 남긴 글을 통해 알려지게 된 것이랍니다.

세세한 부분까지 완벽하게 해내자

● 천재의 명언 ●

내 귀가 허락하는 소리만이 음악이다.

 조각상식 「이별의 곡」의 원래 제목은?
쇼팽의 대표곡 「이별의 곡」의 정식 명칭은 「연습곡 작품 번호 10 제3번 마장조」라는 긴 제목이랍니다.

세상에는 수많은 멜로디가 존재하고 우리의 일상생활 역시 다양한 소리로 가득하지요. 잡음에 연연하지 않고 자신이 좋다고 생각하는 소리만을 음악으로 받아들이는 일은 쇼팽의 철칙이었다고 해요.

최고의 기교를 자랑하는 피아니스트이자 작곡가

프란츠 리스트

출생~사망: 1811년~1886년   출신: 헝가리   직업: 작곡가

✦ 천재의 습관 ✦

아침 일찍 일어나고 오후에 낮잠 자기

| 인지도 | 난이도 | 흥미도 |
| ★★★★☆ | ★★★★★ | ★★★★☆ |

어떤 습관일까?

자신만의 수면 습관

18세기 음악가 리스트는 아무리 늦게 자더라도 항상 새벽 4시에 일어났고 교회에 다녀와서 작업을 했어요. 일찍 일어나면 머리가 맑아진다고 생각했거든요. 그는 부족한 잠을 보충하기 위해 낮잠도 틈틈이 잤답니다. 일반적인 수면 패턴에 얽매이지 않고 자신만의 스타일을 고수하는 점이 성공 비결이었을지도 몰라요.

피아노의 마술사

리스트는 어렸을 때부터 피아노에 두각을 나타냈어요. 아버지의 지도를 받으며 피아노 연주 실력을 쌓아 갔고, 10살에 연주회를 열기도 해요. 11살이 되던 해에는 베토벤이 그의 연주를 듣고 훌륭하다고 칭찬할 정도였지요. 게다가 리스트는 손가락이 무척 길었기 때문에 폭넓은 음역을 동시에 칠 수 있었다고 해요. 또, 처음 보는 곡이라도 악보만 보고 완벽하게 연주해 냈답니다. 뛰어난 연주 실력 때문에 아이돌처럼 어마어마한 인기를 얻었을 뿐 아니라 '피아노의 마술사'라는 별명까지 생겼지요. 그를 넘어서는 피아니스트는 앞으로 나오지 않을 것이라고 이야기하는 사람들도 있답니다.

작곡가로도 대활약하며 재능을 뽐내다

리스트는 작곡가로도 활약했어요. 그가 작곡한 음악은 피아노곡이 주를 이루는데, 연주하기 어려운 곡이 상당히 많은 것으로도 유명하지요. 그는 피아노 연주와 작곡뿐 아니라 음악 지도나 평론도 했답니다. 모든 일에 열정적이었던 리스트는 언제나 바쁘게 살았다고 해요. 일찍 일어나서 일하는 습관은 이렇게 바쁜 생활 속에서도 '자기다움'을 유지하기 위한 방법 중 하나가 아니었을까요?

> 자, 벌써 4시야! 다들 일어나!

조각상식: 담배와 술을 사랑한 천재

리스트는 바쁜 와중에도 술과 담배를 무척 즐겼다고 해요. 건강에는 나빴겠지만 그에게는 창작 활동을 위해 필요한 존재였을지도 몰라요.

● 천재의 명언 ●

일기는 고문실의 기록과 다를 바 없을 것이다.

"왜 일기를 쓰지 않나요?"라는 질문에 리스트는 "매일 사는 것만으로도 충분히 힘든데, 그런 고통을 글로 남겨야 할 이유가 있는가?"라고 대답했다고 해요. 천재 피아니스트의 부정적인 면모도 엿보이는 대목이네요.

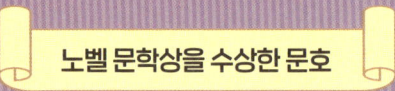

어니스트 헤밍웨이

출생~사망: 1899년~1961년   출신: 미국   직업: 작가

✦ 천재의 습관 ✦

일어서서 작업하기

인지도	난이도	흥미도
★★★★☆	★★★★☆	★★★★★

어떤 습관일까?

꼿꼿하게 선 채로 글쓰기

어니스트 헤밍웨이의 소설은 짧은 문장으로 객관적인 사실을 담담히 풀어내는 독특한 스타일이 특징이랍니다. 그의 문체는 그가 작업하는 스타일과도 깊은 관련이 있어요. 헤밍웨이는 선 채로 소설을 썼어요. 의자에 앉아 글을 쓰면 글도 늘어지게 된다고 여겼기 때문이지요. 그래서 이것을 방지하기 위해 그는 꼿꼿하게 선 채로 글을 썼답니다.

간결하지만 깊이 있는 작품

헤밍웨이는 1954년에 출판된 『노인과 바다』로 높은 평가를 받으면서 노벨 문학상을 받았어요. 간결하고 짧은 문장으로 객관적인 사실을 풀어낸 훌륭한 작품이랍니다. 이야기도 무척 단순한 구조로 되어 있어요. 오랜 기다림 끝에 거대한 물고기를 낚은 늙은 어부가 집으로 돌아오는 도중에 상어를 만나고, 치열하게 물고기를 지키려고 하지만 결국 상어에게 빼앗기고 만다는 내용이지요. 『노인과 바다』는 이야기 구조와 문장이 아주 간결하지만, 깊이 있는 주제로 많은 사람에게 감동을 안겨 주었어요.

과학적으로도 효과가 입증된 습관

최근 연구를 통해 서서 일하는 헤밍웨이의 습관이 효과가 있다는 것이 증명되었어요. 서 있으면 뇌가 활성화되면서 집중력이 높아진다는 연구 결과가 나온 것이지요. 게다가 앉아 있는 것보다 서 있는 자세가 다리와 허리의 건강에도 더욱 좋다고 해요. 의학적으로도 동맥경화, 심근경색, 암 등의 발병 위험성이 낮아진다고 하니 서 있는 자세로 작업하는 습관은 좋은 면이 아주 많지요. 참, 헤밍웨이는 때때로 한쪽 다리로 서서 일할 때도 있었다고 해요!

서 있으면 졸리지 않지!

 조각상식

서서 일하는 사람이 또 있다?
18세기 영국 작가인 찰스 디킨스나 제2차 세계대전 당시의 영국 총리 윈스턴 처칠도 자주 서서 일했다고 해요.

● 천재의 명언 ●

이 세상은 훌륭하고 싸울 가치가 있다.

소설을 통해 다양한 인생관을 표현한 헤밍웨이. 그가 말하는 '싸움'이란 우리가 살고 있는 세상의 훌륭한 지점을 찾고 그것을 사람들에게 전달하는 일인지도 몰라요.

도박에 인생을 건 러시아 작가

표도르 도스토옙스키

출생~사망: 1821년~1881년   출신: 러시아   직업: 작가

✦ 천재의 습관 ✦

항상 궁지에 몰린 채로 일하기

인지도	난이도	흥미도

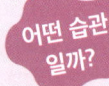
어떤 습관일까?

곤경에 처할수록 발휘되는 능력

소설 『죄와 벌』로 유명한 러시아의 작가 도스토옙스키는 도박을 좋아했던 것으로 유명해요. 도박으로 돈을 날려 가난하고 빚도 많았다고 해요. 그는 이렇게 궁지에 몰리지 않으면 창작 의욕이 생기지 않는 골치 아픈 인물이었어요. 여러분 주변에도 곤경에 처할수록 눈부신 능력을 발휘하는 사람이 있나요? 도스토옙스키가 바로 그런 사람이었답니다.

죽음의 문턱에서 얻은 깨달음

젊은 시절 도스토옙스키는 정치적 활동을 이유로 사형 판결을 받은 적이 있어요. 꼼짝없이 죽을 위기에 처했지만 사형장에 끌려가 총살당하기 직전에 황제가 도스토옙스키의 형을 감형하면서 간발의 차이로 목숨을 건질 수 있었지요. 마치 영화에 나올 법한 이 경험은 도스토옙스키의 인생에 큰 영향을 끼쳤답니다. 당시 사형을 앞두고 있던 도스토옙스키는 '만약 내가 여기서 살아남는다면 인생의 단 1초도 헛되게 보내지 않을 텐데' 하고 생각했어요. 이후 그는 소설을 쓸 때 '이 글이 마지막이다'라는 생각으로 임했다고 해요. 죽음에 직면하면서 그는 비로소 삶의 감사함을 깨달은 것이지요.

도박을 주제로 한 소설

도박을 즐겼던 도스토옙스키는 도박을 주제로 한 소설 『노름꾼』을 집필하기도 했답니다. 룰렛 도박으로 삶이 피폐해진 남성의 이야기이지요. 실제로 도스토옙스키는 도박으로 인생을 망칠 뻔한 적도 있기 때문에 그 생생한 경험을 토대로 심리 묘사를 했을 것이라는 평가를 받았어요. 물론 소설의 어디부터 어디까지가 본인의 경험인지는 알 수 없지만요.

궁지에 몰리면 왠지 힘이 솟아!

● 천재의 명언 ●

행복은 그것을 얻는 과정 속에 있다.

도스토옙스키는 인생과 삶에 대해서 끊임없이 고찰해 온 인물이랍니다. 그는 무언가를 얻었을 때의 행복보다 그것을 얻기 위해 노력할 때 더 행복하다고 말하고 있어요.

조각상식 | 아인슈타인의 찬사

알버트 아인슈타인은 "도스토옙스키는 여느 과학자보다도, 그리고 위대한 신 제우스보다도 나에게 많은 것을 알려 주었다."고 칭송했어요.

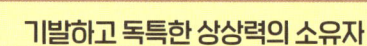

기발하고 독특한 상상력의 소유자

프란츠 카프카

출생~사망: 1883년~1924년   출신: 체코   직업: 작가

✦ 천재의 습관 ✦

홀딱 벗고 운동하기

인지도    난이도    흥미도

어떤 습관일까?

보이지 않게 조심 또 조심!

프란츠 카프카는 소설을 쓰면서 틈틈이 기분 전환을 위해 알몸으로 체조를 했어요. 게다가 창문을 활짝 열어 놓고 운동을 했다고 해요. 물론 바깥 공기를 마시면서 심호흡을 하면 몸에도 좋겠지요. 하지만 아무리 집 안이라고 해도 알몸으로 운동하는 모습은 왠지 괴상해 보이기도 해요. 다른 사람의 눈은 전혀 신경 쓰지 않는 것이 카프카만의 개성이었을지도 몰라요.

천재

성실하고 규칙적인 생활

카프카의 대표작으로 말할 것 같으면 역시 소설 『변신』을 들 수 있지요. 이 작품은 한 남자가 하루아침에 거대한 벌레가 되어 버린 기상천외한 이야기랍니다. 하지만 파격적인 그의 작품과 달리 카프카는 굉장히 성실하고 조용한 성격이었다고 해요. 게다가 그는 회사에 다니면서 틈틈이 소설을 집필했답니다. 직장에서도 성실히 일하고 훌륭한 작품까지 쓰다니 정말 놀랄 만하지요. 카프카는 규칙적으로 식사하고 운동을 즐기면서 건강도 살뜰히 챙겼다고 해요. 이렇게 평범한 일상을 보냈기 때문에 오히려 기발하면서도 독특한 이야기가 번뜩 떠올랐던 것은 아닐까요?

편지를 사랑한 작가

카프카는 새로운 연인이 생길 때마다 편지를 잔뜩 써서 보내고는 했어요. 상대에 따라 몇백 통이나 되는 편지를 보내기도 하고, 하루에 두 번씩 보내는 날도 있었다고 해요. 그러고 보면 카프카는 소설을 포함해서 글을 쓰는 것을 무척 좋아했던 것 같아요. 그가 보낸 편지는 카프카가 세상을 떠난 후 책으로 엮어 독자들이 볼 수 있게 되었어요. 하지만 아쉽게도 카프카가 받은 대부분의 편지들은 이미 처분되어 거의 남아 있지 않다고 해요.

밖에서 보이지 않도록 조심해야 해!

조각상식 - 하마터면 버려질 뻔한 원고

죽기 직전, 카프카는 자신의 원고를 모두 불태워 버리라는 말을 남겼어요. 하지만 원고를 받아 든 친구가 이를 버리지 않고 세상에 남겨 많은 사람에게 사랑받게 되었지요.

● 천재의 명언 ●

당신과 세상과의 싸움이라면 세상 쪽에 돈을 걸어라.

세상과 나의 생각이 다를 때는 어떻게 하면 좋을까요? 보통은 자신을 믿으라고 하지요. 하지만 카프카는 달랐어요. 세상을 받아들이고 그 흐름을 따라야 자기 자신도 지킬 수 있다고 여겼지요.

러시아와 서양문학을 대표하는 대문호

레프 톨스토이

출생~사망: 1828년~1910년　　출신: 러시아　　직업: 작가

✦ 천재의 습관 ✦

작품은 오롯이 혼자서 집필하기

인지도　　　　난이도　　　　흥미도
★★★★☆　★★★★☆　★★★☆☆

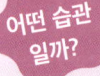
어떤 습관 일까?

방해 요소는 모두 차단하기

레프 톨스토이는 항상 혼자서 작업했어요. 방에 아무도 들이지 않는 것은 물론, 옆방까지 걸어 잠가 어떠한 방해도 허용하지 않았어요. 아침 식사를 한 뒤에는 서재에 틀어박혀 점심도 먹지 않고 저녁 시간까지 집필만 했다고 해요. 조금 예민해 보이기도 하지만, 그만큼 자신의 세계에 몰두했기에 명작이 탄생할 수 있었겠지요.

다양한 일을 하며 쌓인 경험

러시아 귀족 가문에서 태어난 톨스토이는 일찍이 부모님을 여의고 친척 집에서 자랐어요. 불행한 삶을 살았을까 싶지만 유복한 가정이었기에 특별히 문제는 없었다고 해요. 성장한 톨스토이는 광활한 토지를 상속받아 농장을 경영하지만 부진했고, 이후에도 다양한 일을 했지만 모두 실패로 돌아갔어요. 전쟁에 참여하지만 이것 또한 오래가지 않았지요. 그런 와중에 톨스토이는 소설을 쓰기 시작했어요. 그래서 그런지 그의 작품에는 여러 직업을 거치며 쌓인 경험이 잘 반영되어 있답니다. 작가에게 쓸모없는 경험이란 없다는 말이 떠오르네요.

톨스토이의 아내

톨스토이는 소피야와 결혼해 9남 3녀를 낳았어요. 겉으로 보기에는 행복하고 남부러울 것 없는 가정을 꾸렸답니다. 소피야도 남편을 내조하며 아이들을 키웠으니 훌륭한 아내로 보일 수도 있었지요. 그렇지만 사실 소피야는 악처로 유명한 인물이에요. 아내와 의견이 맞지 않아 톨스토이가 집을 나간 적도 있다고 해요. 그가 혼자 방에 틀어박혀 일하기를 원했던 것도 아내와의 트러블 때문은 아니었을까요?

아무도 나를 방해할 수 없어

● 천재의 명언 ●

역경과 고난이 인격을 만든다.

톨스토이는 살면서 온갖 고난과 역경을 겪었어요. 하지만 이런 일을 '불행'이라고 여기지 않고 '인격을 만드는 경험'이라고 생각해 본다면 어떨까요? 역경을 이겨 낸 사람은 분명 더 강하고 훌륭한 인격을 갖추게 될 테니까요.

 조각상식  **500명이 넘는 등장인물**

톨스토이의 대표작 『전쟁과 평화』는 19세기 전반의 나폴레옹 전쟁 시대를 그린 대작이에요. 이 작품에 나오는 등장인물만 해도 무려 500명이 넘는답니다.

누구나 한 번쯤 읽은 바로 그 동화!

한스 크리스티안 안데르센

출생~사망: 1805년~1875년   출신: 덴마크   직업: 작가

✦ 천재의 습관 ✦

잠들기 전, 머리맡에 메모 남겨 두기

인지도 ★★★★★   난이도 ★★★★☆   흥미도 ★★★☆☆

어떤 습관 일까?

지나친 걱정 혹은 풍부한 상상력

안데르센은 지나칠 정도로 걱정이 많고 늘 불안감을 안고 살았어요. 잠들어 있는 자신을 죽은 것으로 착각하고 사람들이 묻어 버릴까 불안한 마음에 머리맡에 "저는 죽지 않았어요."라는 메모를 적어 둘 정도였지요. 하지만 이렇게 지나친 걱정에서 비롯된 풍부한 상상력이 작품 집필의 원동력이 되었을지도 모른답니다.

사랑받는 안데르센의 작품들

안데르센은 170여 편의 작품을 남겼어요. 전 세계에서 사랑받는 작품이 놀랄 만큼 많이 있답니다. 『인어공주』, 『미운 오리 새끼』, 『성냥팔이 소녀』 등 누구나 한 번쯤 읽어 본 적이 있는 동화들이지요. 또한 큰 인기를 얻었던 애니메이션 영화 「겨울왕국」은 안데르센이 쓴 『눈의 여왕』을 모티브로 했다고 해요. 이처럼 안데르센의 이야기는 우리들이 살아가면서 느끼는 슬픔과 아픔을 잘 그려 내고 있어 사람들이 공감할 만한 구석이 많아요. 아마 그가 살아오면서 느낀 슬픔과 아픔이 작품 속에 녹아들어 있기 때문일지도 모르지요.

수없이 겪은 실연

안데르센은 집필 활동뿐 아니라 연애도 활발하게 했어요. 그런데 대부분 잘 풀리지 않았고 안타까운 실연의 연속이었답니다. 어렸을 적부터 외롭게 자란 안데르센은 사람을 대하는 것이 조금 서툴렀어요. 게다가 좋아하는 상대에게 낭만적인 연애편지가 아닌 자신의 인생을 정리한 자서전을 보내는 등 살짝 특이한 방식으로 마음을 표현했다는 일화도 전해지고 있지요. 이런 이유 때문인지는 모르겠지만, 안데르센은 세상을 떠나기 전까지 평생 독신으로 살았답니다.

난 죽지 않았어 자고 있을 뿐이라고!

● 천재의 명언 ●

**모든 사람의 인생은
신이 쓴 한 편의 동화와 같다.**

안데르센의 인생이 항상 행복으로 가득하지는 않았어요. 하지만 그것은 자신의 힘으로는 어쩔 수 없는 운명이었지요. 이를 두고 그는 '인생은 신이 쓴 한 편의 동화'라고 표현했답니다.

조각상식 · 동화를 테마로 한 공원

일본 지바현 후나바시시에는 안데르센의 동화를 테마로 한 '후나바시 안데르센 공원'이 있어요. 많은 사람이 안데르센의 동화 속 세계를 즐기는 명소라고 하네요.

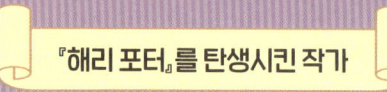

J.K. 롤링

『해리 포터』를 탄생시킨 작가

출생~사망: 1965년~   출신: 영국   직업: 작가

✦ 천재의 습관 ✦

끊임없이 쓰고 또 쓰기

인지도 ★★★★☆   난이도 ★★★★☆   흥미도 ★★★★☆

절대로 펜을 놓지 않기

30대를 앞둔 롤링은 마땅한 직업도 없었고, 자살을 생각할 정도로 심각한 우울증에 시달리고 있었어요. 하지만 홀로 키우고 있던 딸 제시카를 생각해 힘든 와중에도 펜을 놓지 않았어요. 집에서 아이가 자는 동안 글을 쓰거나 아이를 데리고 카페에 가서 시간이 날 때마다 틈틈이 집필했다고 해요. 이렇게 해서 전 세계적으로 엄청난 인기를 얻은 『해리 포터』 시리즈가 탄생하게 되지요.

아이디어가 번뜩인 순간

1990년 롤링은 당시 연인이 살고 있던 맨체스터와 런던을 오가는 생활을 계속했어요. 기차를 타고 이동하던 중, 그는 창밖에 펼쳐진 전원 풍경을 보며 해리와 마법 학교에 대한 이미지를 떠올렸다고 해요. '마법 학교에서 초대장이 올 때까지 자신이 마법사라는 것을 모르는 남자아이'가 머릿속에 선명하게 그려지기 시작했지요. 롤링이 탄 기차가 목적지에 다다랐을 즈음에는 『해리 포터』의 설정 대부분이 완성되었다고 하니, 정말 놀랍지 않나요? 하늘에서 아이디어가 뚝 떨어졌다고 설명할 수밖에 없을 것 같아요.

무직에서 억만장자가 되기까지

좋은 아이디어가 있어도 글로 남기지 않으면 작품은 결코 완성되지 않지요. 혼자서 딸을 키우던 롤링은 직업도 없었고, 생활 보호를 받을 정도로 빈곤한 생활을 했어요. 그렇게 고생하며 완성한 『해리 포터』는 세계적으로 큰 인기를 끌게 되지요. 책뿐만 아니라 영화까지 흥행하면서 그는 자산가 순위에도 이름을 올리게 된답니다. 그러나 롤링은 가난했던 자신의 과거를 잊지 않았어요. 자선 활동에 참여하거나 도움이 필요한 곳에 적극적으로 기부를 하고 있답니다.

끊임없이 쓰는 것이 얼마나 중요한데!

조각상식 'J.K. 롤링'이라는 이름의 유래

그녀의 이름은 출판사의 제안에 따라 만들어졌어요. 책을 읽는 어린이들에게 작가가 여자라는 사실을 알리지 않아도 되는 이름이 좋겠다는 의견이었지요.

● 천재의 명언 ●
꿈에 사로잡혀 살다가 진짜 삶을 놓쳐서는 안 돼.

영화 『해리 포터』 속 대사랍니다. 꿈에 사로잡혀 현실을 똑바로 바라보지 못하는 것을 경계하는 말이지요. 어려운 상황 속에서도 틈틈이 소설을 써 나갔던 롤링의 모습이 그려지네요.

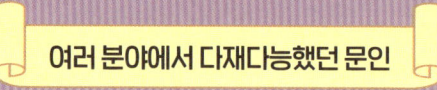

여러 분야에서 다재다능했던 문인
요한 볼프강 폰 괴테

출생~사망: 1749년~1832년 출신: 독일 직업: 작가

✦ 천재의 습관 ✦

기분이 내키지 않으면 일하지 않기

인지도 ★★★★☆   난이도 ★★★★☆   흥미도 ★★★★☆

어떤 습관일까?

때로는 과감하게 내려놓기

젊은 시절 괴테는 하루 종일 원고를 썼어요. 그런데 나이가 들어 가면서 쓸 수 있는 글의 분량이 줄어들었고, 나중에는 아침에만 글을 쓰기에 이르렀지요. 게다가 아침이라고 해도 기분이 내키지 않을 때는 글을 쓰지 않는 날도 많아졌어요. 괴테는 기분이 내키지 않을 때는 포기하고 잠이나 자는 편이 낫다는 결론을 내렸다고 해요.

여러 얼굴을 가진 괴테

괴테는 시 외에도 소설『젊은 베르테르의 슬픔』과 희곡『파우스트』와 같은 유명한 작품을 쓴 문학가로 알려져 있어요. 굉장히 다양한 얼굴을 가지고 있었지요. 하지만 이뿐만이 아니었어요. 괴테는 과학자로도 활동했는데 자연 과학을 비롯해 지질학, 식물학, 기상학 등의 연구로 성과를 올리기도 했어요. 게다가 대학에서 법학을 공부해 변호사로 활동하기도 했답니다. 또 바이마르 공화국에서는 정치가로 활동하며 주요 관직인 재상까지도 올라갔어요. 괴테는 다양한 분야에 몰두하고 각각의 분야에서 최고의 활약을 하며 실적까지 보여 준 다재다능한 천재가 분명한 것 같지요?

사랑에도 열정적이었던 괴테

다양한 분야에서 능력을 꽃피웠던 괴테는 그 열정적인 성격 덕분인지 연애 사업도 활발히 했다고 해요. 14살에 그레첸이라는 연상의 여자를 사랑한 것을 시작으로 세상을 떠나기 직전인 80살까지 수많은 여자와 만났답니다. 그는 연애를 하면서 얻은 영감을 작품에도 적극적으로 반영했어요. 괴테가 금방 사랑에 빠지는 성격이 아니었다면 무수한 명작이 세상에 나오지 않았을지도 몰라요.

오늘은 기분이 안 내키니 일 안 할래!

조각 상식 6개 국어에 능통했던 괴테

다재다능한 괴테는 특히 어학에 뛰어났답니다. 영어, 프랑스어, 이탈리아어, 라틴어, 그리스어, 히브리어까지 6개 국어에 능통했다고 해요.

● 천재의 명언 ●

자신을 믿는 순간 어떻게 살아갈지 알게 된다.

괴테 같은 천재에게도 살면서 길을 잃는 순간이 있었던 듯해요. 그리고 그럴 때 그는 자신을 믿어야 한다는 답을 찾은 것 같아요. 길을 잃었을 때는 자신을 믿고 천천히 바라보는 것도 중요하답니다.

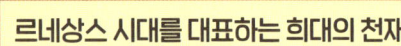

르네상스 시대를 대표하는 희대의 천재

레오나르도 다빈치

출생~사망: 1452년~1519년   출신: 이탈리아   직업: 화가, 과학자

✦ 천재의 습관 ✦

머릿속에 떠오르는 것은 모두 메모하기

인지도　　　　난이도　　　　흥미도
★★★★★　★★★★★　★★★★★

어떤 습관일까? **온갖 내용 기록하기**

레오나르도 다빈치는 '메모광'이라고 불릴 정도로 기록에 철저했어요. 그는 일상에 관한 내용을 일기처럼 적는 것은 물론이고 인간관계나 사업, 생계에 관련된 일까지 모두 세세하게 적었어요. 글을 적으면 생각이 정리되고 새로운 발상이 떠오르기도 하니까요. 그렇게 열심히 메모한 덕분에 지금까지 오래도록 그의 생각과 업적이 전해질 수 있었던 것은 아닐까요?

미래를 예언한 발명가

레오나르도 다빈치는 화가이면서 동시에 과학, 건축학, 공학 등의 분야에서도 끊임없이 새로운 것을 발명해 냈어요. 그중 특히 유명한 발명품은 프로펠러를 이용해 하늘을 나는 비행 물체인데, 오늘날 헬리콥터의 원형이 되기도 해요. 실제로 헬리콥터를 타고 하늘을 날 수 있게 된 것은 20세기 이후의 일이니, 그는 무려 400년 전에 그 구조를 떠올린 셈이 되지요. 한때 군사 기술자로도 일했던 경험을 살려 전차와 비슷한 무기를 고안하기도 했어요. 또한 두 바퀴가 달린 자전거도 생각해 냈다고 해요. 이런 반짝이는 아이디어는 모두 그가 남긴 수많은 스케치와 메모로 확인할 수 있어요.

세계에서 가장 유명한 그림

레오나르도 다빈치가 남긴 작품 중에서 가장 유명한 것은 뭐니 뭐니 해도 「모나리자」 아닐까요? 누구나 한 번쯤은 은은하고 오묘한 그 미소를 본 적이 있을 거예요. 일반적인 초상화로 보이는 이 작품은 사실 치밀한 계산에 의해 만들어졌다고 해요. 또한 그림 속 인물과 제작 경위에 대해서도 여러 가지 설이 있어 아직까지 많은 연구가 이루어지고 있답니다. 현재는 파리의 루브르 박물관에 전시되어 있어요.

이것도, 저것도 모두 적어 놓아야 해!

조각상식 남은 작품은 겨우 15점

현재 레오나르도 다빈치의 작품은 약 15점만 남아 있어요. 이것은 완벽주의자였던 그가 마음에 들지 않는 작품을 모두 폐기했기 때문이라고 해요.

● 천재의 명언 ●

단순함이란 궁극의 정교함이다.

예술을 비롯해 여러 발명품을 고안하고 복잡한 이론과 기술을 연구하던 레오나르도 다빈치. 하지만 결국 단순함이 가장 아름답다는 결론에 이르게 된 것은 아닐까요?

개성 넘치는 그림을 그리는 천재 화가

파블로 피카소

출생~사망: 1881년~1973년   출신: 스페인   직업: 화가

✦ 천재의 습관 ✦

쇼핑할 때는 수표 사용하기

인지도 ★★★★★　난이도 ★★★★☆　흥미도 ★★★☆☆

어떤 습관 일까?　### 수표를 이용한 연금술

파블로 피카소는 물건을 살 때 아무리 적은 금액이라도 꼭 수표를 사용했어요. 수표는 지불하는 사람이 직접 서명해서 건네고, 건네받은 사람이 은행에 가서 돈으로 교환해야 하는 방식이지요. 그런데 당시에 이미 화가로 유명했던 피카소의 사인은 가치가 높았기에 은행에 가서 직접 돈으로 교환한 사람은 굉장히 적었다고 해요. 피카소는 이런 방법으로 돈을 마치 연금술처럼 불렸답니다.

돈의 본질을 꿰뚫어 보다

일찍이 화가로 성공을 거둔 피카소는 자신을 어필하는 방법을 잘 알고 있었어요. 그는 그림을 완성하면 친한 미술상들을 여러 명 불러 모아 전시회를 열었어요. 과연 어떤 일이 벌어졌을까요? 전시회에 참여한 미술상들은 무의식적으로 경쟁 의식이 생겨 서로 사겠다고 나섰답니다. 피카소가 그린 그림의 가치와 그의 명성도 자연스럽게 높아졌지요. 이처럼 피카소는 돈의 본질과 가치를 꿰뚫어 보았으며 그것을 활용하는 방법까지 완벽하게 알고 있었어요. 1973년 91살의 나이로 세상을 떠난 당시 그의 유산은 무려 6천억 원이 넘을 정도로 어마어마했다고 해요.

엄청난 양의 작품

예술가 중에는 일생에 수 점 정도의 작품만을 남긴 사람도 있지만, 피카소는 놀랄 정도로 많은 작품을 남겼답니다. 그는 회화를 비롯해 판화, 조각 및 도기, 삽화 등 여러 작품을 남겼는데 모두 합치면 무려 14만여 점이라고 해요. '역사상 가장 방대한 작품을 남긴 화가'로 기네스북에 올랐을 정도라고 하니 엄청나지요? 때문에 피카소는 무엇보다 예술을 사랑하며 다른 일에는 관심을 두지 않고 오로지 작품 활동에만 매진한 예술가라는 평가를 받게 되지요.

내 사인을 잘 간직하라고!

전쟁을 주제로 한 「게르니카」

피카소의 대표작 「게르니카」는 1937년 독일 공군에 의한 무차별 폭격을 주제로 한 작품이에요. 지금까지도 전쟁을 반대하는 상징으로 널리 알려져 있지요.

● 천재의 명언 ●

나는 찾지 않는다. 나는 발견한다.

피카소는 독자적인 시점과 감성을 가지고 있었어요. 어딘가에 있는 것을 찾는 것보다 이미 내 주변에 있는 것을 발견하는 자세가 중요하다는 말이 아닐까요?

죽고 나서야 빛을 본 불운의 천재
빈센트 반 고흐

출생~사망: 1853년~1890년   출신: 네덜란드   직업: 화가

✦ 천재의 습관 ✦

팔리지 않아도 계속 그리기

인지도
난이도
흥미도

어떤 습관일까?

꺾이지 않는 그림에 대한 열정

27살에 화가가 된 고흐는 세상을 떠나기까지 약 10년 동안 그림을 그렸지만 그동안 팔린 그림은 단 몇 점뿐이었어요. 그럼에도 불구하고 그는 그림에 대한 열정으로 가득했고 매일 그림을 그렸어요. 1년 동안 200여 점이라는 엄청난 속도로 작품을 완성했지요. 하지만 안타깝게도 고흐의 작품은 그가 죽고 난 뒤에야 비로소 빛을 발했고, 이후 세상이 잃어버린 천재 화가로 불리게 되었지요.

잘 풀리지 않았던 인생

목사인 아버지 밑에서 태어난 고흐는 16살에 그림을 판매하는 회사에 취직하면서 미술상으로 일하기 시작했어요. 이때의 경험이 화가를 꿈꾸게 된 계기가 된 것은 아닐까요? 고흐는 직업적으로 인정받기는 했지만, 실연의 충격으로 인해 일을 제대로 하지 못하면서 직장을 잃게 됐어요. 이후 신학 대학 입시를 준비했지만 실패했고 전도사로 활동하는 것마저도 뜻대로 되지 않았어요. 이러한 사정 때문에 궁핍해진 고흐는 동생의 지원을 받으며 화가로 활동하기 시작해요. 하지만 결국 화가로서의 성공 역시 먼 이야기였답니다.

사후에 빛을 보기 시작한 고흐

고흐의 작품은 그가 죽기 직전부터 점차 좋은 평가를 받기 시작했어요. 하지만 대중적인 인기를 얻고 그림의 가치가 올라가기 시작한 것은 고흐가 세상을 떠난 후 10년 뒤의 이야기였지요. 1990년대 후반이 되자 고흐를 주제로 한 영화나 다큐멘터리 작품이 많이 제작되면서 그의 생애가 많은 사람에게 알려지고 인기를 끌게 되었어요. 현재 고흐의 그림은 경매에서 무려 수백억 원대에 팔리고 있답니다.

안 팔리더라도, 인정받지 못하더라도 계속 그릴 거야!

조각상식 — 고흐의 관심을 끈 회화 양식

고흐는 일본의 '우키요에'라는 회화 양식에 관심이 있어 해당 작품을 모으거나 모사하기도 했답니다. 언젠가 꼭 일본에 가고 싶다는 말을 남기기도 했지요.

● 천재의 명언 ●

내 인생이 비록 패하는 전투가 되더라도 끝까지 싸우겠다.

고흐가 성공적인 삶을 걸어왔다고 하기에는 어려워요. 하지만 그가 자신의 의지에 따라 마지막까지 포기하지 않고 싸웠기 때문에 죽은 후에 호평을 받을 수 있었던 것은 아닐까요?

세계적인 패션 브랜드의 창립자
코코 샤넬

출생~사망: 1883년~1971년   출신: 프랑스   직업: 디자이너

✦ 천재의 습관 ✦

다른 사람과 같은 옷 입지 않기

인지도   난이도   흥미도
★★★★☆ ★★★★☆ ★★★★☆

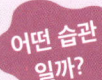

나만의 멋 추구하기

코코 샤넬은 어린 시절 어머니를 여의고 고아원에서 자랐어요. 고아원에서는 모두 비슷하고 평범한 옷만 받아 입을 수 있었답니다. 하지만 샤넬은 그에 굴하지 않고 평범한 옷을 자신만의 스타일로 꾸며서 입었다고 해요. 고정 관념을 깨뜨리고 획기적인 유행을 만들어 낸 샤넬의 디자인은 이러한 경험에서 우러나온 것이겠지요.

단순하면서도 실용적인 디자인

샤넬은 카페에서 노래를 부르며 가수의 꿈을 키웠던 적도 있었어요. 하지만 별다른 성과는 없었답니다. 이후 그는 모자 디자인을 시작하면서 파리에 매장을 차리고 본격적으로 패션 업계에 진출한답니다. 이것이 바로 세계적으로 인기 있는 패션 브랜드 '샤넬'의 시작이었어요. 샤넬의 브랜드는 그전까지의 여성복과는 다르게 단순하면서도 실용적인 디자인으로 많은 인기를 끌었어요. 이외에도 향수와 액세서리, 가방 등을 만들면서 패션 업계에 엄청난 영향을 미치게 되었답니다.

샤넬의 새하얀 실크 잠옷

세계적인 명성을 얻은 샤넬은 새하얀 실크 잠옷을 입고 자는 습관이 있었어요. 화려한 패션 업계의 중심에 있던 그에게 하얀색은 오히려 마음에 안정을 가져다주는 색이었을지도 몰라요. 그는 자신이 살고 있던 집 안의 벽도 모두 하얗게 칠해 놓는가 하면, 커튼도 하얀색으로 달아 두었다고 해요. 깨끗하고 하얀 방에서 흰 실크 잠옷을 입고 있는 샤넬의 모습이 생생하게 그려지지 않나요?

그 무엇으로도 대체할 수 없는 걸 만들어 내겠어

● 천재의 명언 ●

대체 불가한 존재가 되기 위해서는 늘 남달라야 한다.

남다른 패션에 도전하는 일은 언제나 용기가 필요하지요. 우리의 삶도 마찬가지랍니다. 하지만 용기를 내서 자신만의 스타일을 만들 때, 비로소 그 무엇으로도 대체할 수 없는 존재가 되는 것 아닐까요?

조각 상식 — 현역으로 복귀한 샤넬

현역에서 물러난 샤넬은 그로부터 15년 후 다시 패션계로 돌아왔어요. 그때 그의 나이는 70살이 넘었답니다. 샤넬만의 독보적인 패션이 재평가받으면서 그의 저력을 다시 한번 확인할 수 있었지요.

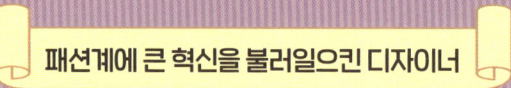

이브 생 로랑

출생~사망: 1936년~2008년   출신: 알제리   직업: 디자이너

✦ 천재의 습관 ✦

종이 인형 가지고 놀기

인지도    난이도   흥미도

어떤 습관 일까?

종이 인형 옷 만들기

이브 생 로랑은 20세기 프랑스에서 패션 업계를 이끈 인물이에요. 그는 10대 때부터 종이 인형을 가지고 놀았답니다. 하지만 인형에게 아무 옷이나 입히지 않았어요. 자신이 직접 그린 옷을 입혀 보았지요. 언뜻 보면 유치하고 단순한 아이들의 놀이처럼 보이지만, 인형 놀이는 그가 나중에 재능을 펼치는 밑바탕이 되기도 했어요.

젊은 나이의 수석 디자이너

어렸을 적부터 디자이너를 꿈꿨던 생 로랑은 17살에 패션 디자이너 양성 학교에 입학했어요. 콩쿠르에서 상을 받기도 하지요. 그로부터 2년 뒤에는 프랑스의 유명 패션 브랜드 '디올'에 취직했어요. 디올의 창립자인 크리스찬 디올은 생 로랑의 재능을 높이 평가했고 그를 자신의 후계자로 양성했어요. 물론 디올도 당장 그에게 일을 넘겨줄 생각은 없었을 거예요. 하지만 디올이 갑작스러운 죽음을 맞이하게 되면서 생 로랑은 21살이라는 젊은 나이에 수석 디자이너로 뽑히게 되었지요.

세계적인 명품 브랜드 입생로랑

생 로랑은 디올에서 엄청난 활약상을 보여 주었어요. 그가 담당한 첫 발표회에서 선보인 디자인은 모두 큰 호평을 받았어요. 시간이 흐르고 생 로랑은 디올에서 독립해 자신만의 브랜드 '입생로랑'을 설립해요. 이때 그의 나이는 고작 25살이었답니다. 입생로랑의 이니셜인 'YSL'이라는 로고는 무척이나 유명해서 아마 누구나 한 번쯤 본 적이 있을 거예요. 입생로랑은 세계적인 명품 브랜드로 잘 알려져 있지요.

나만의 인형 놀이로 실력을 쌓아 왔지

● 천재의 명언 ●

유행은 사라지지만 스타일은 영원하다.

패션에는 유행이 있어요. 때문에 패션 디자이너는 항상 새로운 것을 만들고, 적극적으로 변화를 주어야 하는 숙명을 지니고 있지요. 하지만 생 로랑의 스타일은 끊임없이 변화하는 유행 속에서도 독보적인 존재라고 할 수 있답니다.

조각상식 · 다양한 인종을 모델로 세우다

생 로랑은 자신의 패션쇼에 나오미 캠벨과 가와하라 아야코 등 다양한 인종의 모델을 섭외했어요. 그전까지는 특정 인종의 모델만이 쇼에 설 수 있었답니다.

서스펜스의 거장이라 불리는 영화감독
알프레드 히치콕

출생~사망: 1899년~1980년   출신: 영국   직업: 영화감독

✦ 천재의 습관 ✦

아내에게 의견 물어보기

인지도	난이도	흥미도
★★★★☆	★★★★☆	★★★★★

방금 괜찮았어?

어떤 습관일까?

솔직한 의견에 귀 기울이기

알프레드 히치콕은 가슴이 조여 오는 서스펜스 영화로 유명한 감독이에요. 그는 영화를 만들 때 항상 자신의 아내 앨마에게 의견을 물어보았답니다. 조감독을 맡고 있던 앨마는 영화에 대한 지식이 굉장히 풍부했거든요. 언제나 거침없고 솔직한 의견을 들려주던 앨마는 히치콕이 가장 의지할 수 있는 존재가 아니었을까요?

서스펜스 영화의 거장

히치콕은 20살에 영화 제작에 뛰어들었어요. 처음에는 영화 회사에서 자막을 담당했으며 그 뒤로 각본, 조감독, 편집, 미술 감독 등 다양한 분야에서 활약했어요. 그로부터 5년 후 히치콕은 「쾌락의 정원」이라는 작품에서 처음으로 감독을 맡게 되었어요. 이때 평생의 동반자인 앨마와 결혼하게 되지요. 아내의 지원 덕분에 그는 감독으로서 두각을 나타내기 시작했어요. 「하숙인」, 「암살자의 집」 등 서스펜스 영화를 중심으로 히트작을 연이어 만들어 냈답니다. 이후 그는 영화의 본고장인 할리우드로 넘어가 「레베카」, 「사이코」, 「새」와 같은 명작을 탄생시키며 눈부신 명성을 얻게 되지요.

'카메오 출연'의 대명사

히치콕은 자신의 영화에 카메오로 자주 출연했던 것으로도 유명하지요. '관심받는 것을 좋아했나?'라는 생각이 들 수도 있지만, 사실 부족한 예산 때문에 엑스트라를 구하지 못해 어쩔 수 없이 출연하게 된 것이 그 시작이었다고 해요. 그러나 시간이 지날수록 히치콕의 카메오 출연이 팬들 사이에서 화제가 되면서 어느 장면에 그가 나올지 기대하는 사람이 많아지고, 그 덕에 그가 출연하는 시점도 점점 빨라졌답니다.

영화 속의 나를 찾아봐

조각상식 | 늘 새로운 시도를 하는 감독

「다이얼 M을 돌려라」는 1954년에 3D 영화로 제작되었어요. 또 영화 「로프」에서는 작품 전체를 커트 없이 원테이크로 촬영하기도 했답니다.

● 천재의 명언 ●
어떤 영화는 인생의 조각이라고 하지만 내 영화는 케이크의 한 조각이다.

한 조각의 케이크를 나타내는 말인 'a piece of cake'에는 '간단한 일', '즐거운 일'이라는 의미가 있어요. 히치콕에게 있어서 영화를 만드는 일은 굉장히 설레고 즐거운 일이었나 봐요.

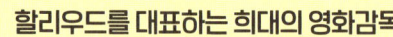

할리우드를 대표하는 희대의 영화감독

스티븐 스필버그

출생~사망: 1946년~   출신: 미국   직업: 영화감독

✦ 천재의 습관 ✦

필요한 정보는 자신이 직접 모으기

 인지도
 난이도
 흥미도

어떤 습관일까?

대담하게 행동하기

스티븐 스필버그는 영화를 사랑하는 소년이었어요. 때문에 영화 제작에 대한 지식과 경험을 하루라도 빨리 습득하고 싶었지요. 고민 끝에 그는 영화 촬영 현장에 직접 가서 정보를 얻기로 했어요. 처음에는 견학을 위해 스튜디오에 들어갔지만, 이윽고 현장 사람들과 인맥을 만들어 결국 영화계로 발을 들이는 데 성공했답니다.

호랑이를 잡으려면 호랑이 굴로!

스필버그는 어린 시절부터 영화 제작에 관심이 많았어요. 중고등학생 때는 8mm짜리 카메라를 들고 모험 영화를 찍었다고 해요. 이후 그는 캘리포니아 주립대학에 입학했어요. 이곳을 선택한 이유도 학교 바로 옆에 영화 제작사인 유니버설 스튜디오가 있었기 때문이라고 하니 놀라울 따름이지요. 입학 후에는 몰래 스튜디오에 들어가 스태프와 친해져서 통행증을 발급받기도 했답니다. 당당히 스튜디오에 들어갈 수 있게 되었지만 그의 작전은 여기서 끝나지 않았어요. 이번에는 아버지의 서류 가방을 들고 사원인 척하며 스튜디오에 들어갔지요. 그렇게 스필버그는 매일 스튜디오에 들락날락하며 편집 스태프, 녹음 엔지니어 등이 일하는 모습을 보고 영화 제작의 노하우를 익혔어요.

그러던 어느 날, 그는 보안 직원에게 정체가 들통 나면서 밖으로 쫓겨나 위기에 처하고 말아요. 하지만 이미 스튜디오 간부들과 인맥을 쌓아 놓은 상태였기에 큰 문제 없이 해결되지요. 그리고 결국 그토록 염원하던 유니버설 스튜디오에서 일하게 된답니다. 스필버그가 수많은 히트작을 낼 수 있었던 것은 이런 적극적인 자세 덕분이 아니었을까요?

아카데미상을 세 번이나 받았지

● 천재의 명언 ●

실패는 피할 수 없는 것이며 성공은 손에 넣기 힘든 것이다.

어마어마한 흥행 수익

스필버그는 「죠스」, 「이티」, 「쥬라기 공원」 등 세계적인 히트작을 만들었어요. 그가 만든 작품의 총 흥행 수익은 무려 10조 원 이상이라고 알려져 있어요.

스필버그 같은 천재라고 할지라도 실패를 피해 갈 수는 없는 법이랍니다. 하지만 거기서 멈추지 않고 성공을 향해 계속해서 내딛는 것이 중요해요. 성공은 '손에 넣을 수 없는 것'이 아닌 '손에 넣기 힘든 것'일 뿐이니까요.

◎ 베이브 루스 (운동선수)

◎ 무하마드 알리 (운동선수)

◎ 타이거 우즈 (운동선수)

◎ 마이클 조던 (운동선수)

◎ 우사인 볼트 (운동선수)

◎ 리오넬 메시 (운동선수)

◎ 로저 페더러 (운동선수)

◎ 마이클 펠프스 (운동선수)

◎ 마릴린 먼로 (영화배우)

◎ 오드리 헵번 (영화배우)

◎ 이소룡 (무술인, 영화배우)

◎ 마이클 잭슨 (가수)

◎ 레이디 가가 (가수)

◎ 찰리 채플린 (배우, 영화감독)

◎ 엘리자베스 테일러 (영화배우)

◎ 마돈나 (가수, 영화배우)

◎ 마일즈 데이비스 (재즈 음악가)

4장

슈퍼스타 편

4장에서는 스포츠, 예술 분야에서 성공을 거둔 슈퍼스타의 습관을 소개해요. 특별한 재능을 가진 슈퍼스타가 된 배경에는 과연 어떤 일상이 숨어 있을까요? 그들이 걸어온 삶과 그 비밀을 차근차근 파헤쳐 보아요.

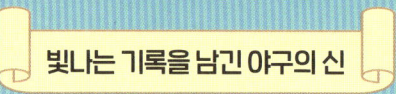

베이브 루스

출생~사망: 1895년~1948년　　출신: 미국　　직업: 운동선수

✦ 천재의 습관 ✦

삼진을 두려워하지 않기

인지도　　　난이도　　　흥미도

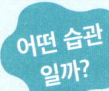

오로지 성공만을 그리다

베이브 루스는 미국 야구계에 수많은 기록을 남기면서 '야구의 신' 또는 '위대한 홈런왕'이라고 칭송받는 인물이에요. 통산 22시즌을 서고, 714개의 홈런을 친 루스이지만 그 또한 삼진을 당한 적이 있답니다. 하지만 루스는 타석에 서면 삼진에 대해서는 전혀 두려워하지 않고 오로지 안타나 홈런만을 친다는 생각으로 임했다고 해요.

투수와 타자를 오가는 원조 이도류

루스는 19살에 보스턴 레드삭스에 입단하면서 프로 야구 선수가 되었어요. 이때는 타자와 투수 양쪽으로 활약해 원조 이도류 선수라고 불렸지요. 이후에는 타격에 관심을 가지게 되면서 외야수에 전념하게 된답니다. 1920년에 루스는 뉴욕 양키스로 이적해요. 그는 바로 이곳에서 타격으로 엄청난 성적을 남기면서 인기와 실력 모두 겸비한 최고의 선수로 거듭나지요. 1935년에는 보스턴 브레이브스로 이적하지만 얼마 지나지 않아 현역에서 은퇴해요. 프로 야구에서 통산 홈런 714개는 당시 최고 기록이었답니다.

아이들을 사랑하는 마음

나는 무조건 홈런을 칠 거야!

루스는 다소 난폭한 면도 있었지만 아이들을 무척 사랑해 팬 서비스에도 진심을 다했답니다. 그가 아픈 소년 팬을 위해 홈런을 치겠다고 말한 뒤 그 약속을 지킨 일화는 굉장히 유명하지요. 그 외에도 돈이 없어서 경기장에 들어오지 못하는 아이들을 보고 직원에게 돈다발을 주면서 입장권을 대신 사 주었던 일이나, 골프장 근처에 있던 어린이와 함께 라운드를 돌았던 일도 있답니다.

> **조각 상식** — 프로 야구를 몰랐던 루스
> 어린 시절 루스는 기숙 학교에 다녔어요. 외부와 단절되어 있는 엄격한 분위기였기 때문에 그는 스카우트 제의를 받기 전까지 프로 야구라는 것이 있다는 사실조차 몰랐답니다.

● 천재의 명언 ●

**쉽지 않을지도 모른다.
하지만 그게 핑계가 될 수는 없다.**

뛰어난 재능을 가진 루스가 눈부신 기록을 세운 데에는 그의 엄청난 노력이 있었어요. 쉽지 않다는 것을 알면서도 끊임없이 노력해 왔던 그에게 그 어떤 핑계도 있을 수가 없겠지요.

세상에서 가장 빠른 주먹을 가진 전설의 권투 선수

무하마드 알리

출생~사망: 1942년~2016년   출신: 미국   직업: 운동선수

✦ 천재의 습관 ✦

하루도 빠짐없이 안티팬의 편지 읽기

인지도 ★★★★★   난이도 ★★★★☆   흥미도 ★★★☆☆

어떤 습관일까?

악담을 발판으로 삼다

무하마드 알리는 화려하고 날카로운 자신의 권투 스타일에 대해 "나비처럼 날아서 벌처럼 쏜다."고 표현했어요. 이 말은 그의 트레이드마크가 되었지요. 그런데 어느 시합에서 진 후 한 안티팬에게 '나비는 날개를 잃고 벌은 독침을 잃었다'는 편지를 받았고, 알리는 이 편지를 연습장 벽에 붙여 놓고 매일 읽으면서 투지를 불태웠다고 해요.

징병 거부로 빼앗긴 왕좌

초등학생 때부터 권투를 했던 알리는 1960년 로마 올림픽에서 금메달을 거머쥐었어요. 그리고 같은 해에 프로 선수로 데뷔하지요. 이후에도 계속해서 승리를 거두며 4년 후에는 세계 헤비급 챔피언 자리까지 오르게 됩니다. 이렇듯 승승장구하던 알리가 돌연 선수 자격을 박탈당하는 사건이 일어나요. 바로 징병 거부 때문이었지요. 당시 미국이 참전 중이었던 베트남 전쟁의 징병을 거부하면서 선수 자격을 빼앗겼답니다. 게다가 당시 알리를 비판하는 사람들도 많았다고 해요. 그러나 그는 전쟁을 반대하는 발언을 계속했고 점차 그를 지지하는 사람들이 늘어났어요. 결국 3년이 지나 겨우 선수 자격을 돌려받은 알리는 1974년에 다시 승리를 거머쥐면서 왕좌를 되찾게 되지요.

전 세계의 주목을 받은 경기

알리는 일본의 프로레슬링 선수인 안토니오 이노키와 이종격투기 시합을 했어요. 1976년 일본 부도칸에서 열린 이 경기는 전 세계의 주목을 받았지요. 그러나 승패를 가르지는 못했답니다. 알리는 승부를 내지 못한 채 15라운드를 끝내고 말아요. 결국 무승부로 판정이 나면서 세기의 결전은 막을 내리게 되었지요.

> 악플 따위 두렵지 않아!

조각상식 | 은퇴 이후의 행보

알리는 은퇴 후 파킨슨병을 앓게 되었어요. 그럼에도 그는 애틀랜타 올림픽의 개회식에서 성화대에 점화하는 역할을 맡는 등 사회에 수많은 메시지를 남겼어요.

> ● 천재의 명언 ●
> **위험을 감수하지 못할 만큼 용감하지 않은 사람은 아무것도 할 수 없다.**

징병 거부나 이종격투기 시합도 알리에게는 위험 요소였을 거예요. 하지만 위험을 감수해야만 얻을 수 있는 것이 분명히 있답니다. 알리는 이 사실을 누구보다 잘 알고 있었지요.

골프의 황제라 불리는 미국 프로 골퍼
타이거 우즈

출생~사망: 1975년~   출신: 미국   직업: 운동선수

✦ 천재의 습관 ✦

시합 마지막 날 빨간색 셔츠 입기

인지도	난이도	흥미도
★★★★★	★★★★☆	★★★☆☆

어떤 습관일까?

자신만의 행운의 색 갖기

타이거 우즈는 미국 골프계에 무수한 기록을 남긴 인물이에요. 그는 시합 마지막 날에 빨간색 셔츠를 입는 습관을 무려 20년 동안이나 지켜 왔어요. 이 습관은 불교 신자인 어머니의 조언으로 시작되었답니다. 태국 불교에서는 우즈가 태어난 해에 해당하는 행운의 색이 빨간색이었거든요. 그렇기 때문에 그에게 있어 중요한 시합 마지막 날에는 늘 행운의 빨간색 셔츠를 입은 것이지요.

세계적인 골프 신동의 탄생

우즈는 아버지의 가르침에 따라 생후 9개월부터 골프를 시작했어요. 2살에는 이미 남캘리포니아에서 유명한 유아 골퍼가 되었지요. 13살이 되던 해에 우즈는 전국 규모 토너먼트에 참가하는 등 미국 내에서 활동의 장을 넓혀 갔어요. 그리고 21살에 미국 메이저 선수권 중 하나인 마스터즈에서 첫 승리를 거머쥐었답니다. 그는 골퍼로 활약하면서 최연소 기록을 계속해서 갈아치웠어요. 미국 경제지가 발표한 스포츠 선수 부자 순위에서 2002년부터 2011년까지 무려 10년 연속 1위를 차지할 정도로 미국 역사상 가장 성공한 스포츠 선수 중 한 명이랍니다.

라이벌의 성공을 바라는 이유

우즈는 골프 시합에 나갈 때마다 늘 진심으로 상대방의 성공을 기원한다고 해요. 상대방이 실수를 하는 바람에 자신이 승리하게 되어도 그는 전혀 기뻐하지 않았어요. '대체 왜?'라는 생각이 들겠지만 이것은 군인이었던 아버지의 가르침 때문이랍니다. 라이벌이 약하면 자신도 약해질 수밖에 없지만, 상대가 강하면 강할수록 자신 또한 의욕이 생기고 그게 결과적으로 좋은 승리를 만들어 낼 수 있다는 뜻깊은 가르침이었지요.

> 시합 마지막 날 입을 옷은 항상 정해져 있지!

● 천재의 명언 ●

골프도 인생도 지름길 따위는 없다. 열심히 노력하는 수밖에.

어렸을 때부터 골프에 두각을 보이며 신동이라고 불린 우즈조차 지름길 따위는 없다고 단언했답니다. 그의 재능은 한 걸음 한 걸음 노력을 거듭하면서 그것을 결과로 남기는 것, 그 자체일지도 모르겠네요.

조각 상식 **빨간색 셔츠를 입은 동료들**

우즈가 교통사고를 당했을 때, 그의 많은 동료들은 크게 걱정했어요. 동료들은 당시 열린 대회에서 빨간색 셔츠를 입고 우즈의 회복을 기원했다고 해요.

명예의 전당에 입성한 농구의 신
마이클 조던

출생~사망: 1963년~　출신: 미국　직업: 운동선수

✦ 천재의 습관 ✦

결정적인 순간에 혀 내밀기

| 인지도 | 난이도 | 흥미도 |
| ★★★★☆ | ★★★★☆ | ★★★★☆ |

어떤 습관일까?

혀를 내밀면서 릴랙스

마이클 조던은 미국 프로 농구계에서 활약한 선수랍니다. 그는 높이 뛰어 공을 넣는 순간이나 드리블을 하는 순간 등 아주 결정적인 순간에 혀를 내미는 버릇이 있어요. '메롱' 하고 장난치는 것처럼 보일 수도 있지만, 사실 이 행동에는 이유가 있답니다. 혀를 내밀면 이를 꽉 물지 못하게 되지요. 그럼 자연스럽게 상체에 힘이 빠지고 그로 인해 안정적으로 경기를 치를 수 있었다고 해요.

멈추지 않는 도전 정신

조던은 미국 프로 농구 리그인 NBA에서 활약하면서 '농구의 신'이라고 불렸어요. 15년에 걸친 선수 생활 동안 득점왕 10번, 연간 최다 득점 11번 등 대단한 기록을 세웠지요. 1993년에 현역에서 은퇴한 조던은 뜻밖에도 야구 메이저 리그에 도전했어요. 비록 원하는 만큼의 결과를 얻지 못해 다시 농구의 세계로 돌아왔지만 이는 분명한 메시지를 전해 주었답니다. 과감하게 새로운 세계에 뛰어드는 도전 정신이 필요하다는 것 말이에요. 그리고 이런 그의 도전은 많은 사람들에게 희망을 안겨 주었지요.

비즈니스에서도 거둔 성공

조던은 많은 기업과 광고 계약을 맺고 다양한 사업에 관여해 왔습니다. 그중에서도 그를 이미지화해서 제작된 농구화는 세계적인 인기를 얻기도 했지요. 아마 여러분들 중에서도 신어 본 분들이 있을 것 같아요. 이외에도 패스트푸드나 음료 브랜드 등 다수의 광고에 출연해 브랜드 전략에 크게 공헌하기도 했답니다. 이렇듯 조던은 농구계에서만 머무르지 않고 비즈니스 세계에서도 눈부신 성공을 거머쥐었어요. 두 마리 토끼를 모두 잡은 인물인 셈이지요.

언제나 새로운 것에 도전해 보는 거야

● 천재의 명언 ●
무언가 시작하는 것은 두려운 일이 아니다. 정말 두려운 것은 아무것도 시작하지 않는 것이다.

마이클 조던은 농구계에서 성공을 거머쥐었지만 여기서 멈추지 않고 새롭게 야구계에 도전했어요. 꿈만 꾸고, 그 꿈에 다가서기 위한 노력을 하지 않는 것을 두려워했던 그다운 선택이지요?

조각 상식
또 다른 MJ와의 만남
조던은 또 다른 유명인사 'MJ' 마이클 잭슨과 「JAM」이라는 곡의 뮤직비디오에 함께 출연한 적이 있어요.

인류 역사상 가장 빠른 사나이라고 불리는 육상 선수

우사인 볼트

출생~사망: 1986년~　　출신: 자메이카　　직업: 운동선수

✦ 천재의 습관 ✦

언제 어디서든 최선을 다하기

인지도　　　　난이도　　　　흥미도

어떤 습관일까?　**어떤 상황에서든 대충하지 않기**

우사인 볼트는 자메이카 출신의 육상 선수예요. 그는 경기에 대해 "육상은 나의 스포츠다. 그러니 언제든지, 어떤 상태든지 최선을 다한다. 그것이 바로 내 스타일이다."라고 말했어요. 스포츠 선수라면 물론 언제든 온 힘을 다해 경기에 임해야겠지요. 하지만 그는 자신의 입으로 말한 것을 실제로 지켰어요. 이런 굳건한 생각이 있었기에 무수한 세계 기록을 낼 수 있었지요.

수많은 신기록 보유자

볼트가 육상 선수로 주목받기 시작한 것은 2002년부터랍니다. 그의 고국인 자메이카에서 열린 세계 주니어 선수권에서 당시 대회 역사상 최연소 나이인 15살에 우승을 거머쥐었지요. 이후 볼트는 100m, 200m, 400m 계주 등 계속해서 놀라운 기록을 보여 주었어요. 특히 2009년 8월 베를린에서 열린 세계 선수권 남자 100m 결승전에서는 '9초 58'이라는 경이로운 세계 신기록을 세웠어요. 인류 역사상 최초의 9초 50대 진입이라는 놀라운 기록이었지요. 이외에도 올림픽 3개 대회에서 3관왕을 차지했으며, 세계 육상 대회에서도 통산 11개의 금메달을 따는 등 위대한 기록을 세웠답니다.

전매 특허 포즈의 유래

볼트를 떠올리면 가장 먼저 그가 경기 전후로 보여 주는 활을 쏘는 듯한 자세가 생각날 거예요. 그는 번개라는 의미의 '라이트닝 볼트'라고 불리는 이 자세를 2008년에 열린 베이징 올림픽 때부터 보여 주기 시작했어요. 볼트의 말에 의하면 이 포즈는 '세상을 겨냥한다'는 의미가 담겨 있다고 해요. 2019년에는 일본에서 볼트를 비롯한 2,682명의 인파가 동시에 이 자세를 취하는 이벤트가 열려 기네스북에도 등재되었답니다.

> 나만의 스타일은 언제나 최선을 다하는 것!

 스카우트 제의를 거절한 이유
볼트는 미국의 한 대학에서 스카우트 제의를 받은 적이 있어요. 하지만 추위에 약하고, 향수병이 걱정된다는 이유에서 제의를 거절했다고 해요.

● 천재의 명언 ●

스포츠 세계에 몸을 담고 있으면 고통스러운 연습, 주변의 압박 때문에 초심을 잃기 쉬워지지요. 하지만 볼트는 언제 어디서나 초심을 잃지 않았답니다.

천재적인 플레이를 보여 준 축구 선수

리오넬 메시

출생~사망: 1987년~   출신: 아르헨티나   직업: 운동선수

✦ 천재의 습관 ✦

다섯 가지 음식 꼭 챙겨 먹기

인지도    난이도   흥미도

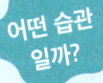 **건강한 식생활로 거듭나기**

리오넬 메시는 소년 시절부터 근육 부상이 잦았어요. 시합 중에 구토하는 일도 있을 정도였답니다. 어릴 때부터 피자나 초콜릿, 육류를 무척 좋아했던 메시는 이후 식습관을 개선하기 위해 물, 올리브유, 정제되지 않은 곡물, 신선한 과일과 야채 등 다섯 가지 음식을 꼭 챙겨 먹었어요. 올바른 식습관 덕분에 건강해진 메시는 훗날 세계적인 축구 선수가 될 수 있었답니다.

난치병을 이겨 낸 소년

메시는 4살 때부터 축구를 시작하며 천재적인 플레이를 보여 주었어요. 하지만 어느 날 자신의 성장 호르몬 분비에 이상이 있다는 것을 알게 되었지요. 성장 호르몬을 직접 투여하지 않으면 신체가 발달하지 못하는 병이었는데 치료를 위해서는 엄청난 돈이 필요했답니다. 이때 메시의 능력을 눈여겨본 FC바르셀로나가 그에게 도움의 손길을 보냈어요. FC바르셀로나는 메시의 가족 모두가 바르셀로나로 이주하는 조건으로 치료비를 전액 부담하기로 약속했지요. 이렇게 해서 바르셀로나로 이주한 메시는 꾸준히 치료를 받으며 축구를 계속할 수 있게 되었답니다.

메시가 남긴 엄청난 기록들

메시는 21년간 몸담았던 FC바르셀로나에서 엄청난 기록들을 남겼어요. 우선 바르셀로나 역사상 가장 많은 우승 전력인 35회라는 기록에 공헌하고, 축구 클럽 역사상 통산 최다 득점이라는 기록도 남겼답니다. 또한 세계에서 1년 동안 가장 활약한 축구 선수에게 수여하는 상인 '발롱도르'를 무려 7번이나 수상했지요. 이후 2021 시즌부터는 자신이 어린 시절을 보냈던 스페인을 떠나 파리 생제르맹으로 이적해 끊임없이 활약하고 있어요.

> 건강지려면 균형 잡힌 식생활이 중요해!

> ● 천재의 명언 ●
> 노력하면 보상이 따른다고?
> 그렇지 않다. 보상이 따를 때까지
> 노력하는 것이다.

조각상식 종이 냅킨에 적은 첫 계약서
FC바르셀로나의 감독인 카를로스 렉사흐가 메시와 계약하기로 마음먹은 바로 그 순간, 수중에 종이 냅킨밖에 없어서 냅킨에 계약 내용을 적었다는 일화가 있답니다.

메시는 어린 시절 찾아온 난치병을 극복하고 최고의 선수가 되었어요. 자신이 노력한 만큼 보상이 따르지 않는다고 느낀 순간도 분명 있었겠지요. 하지만 그는 포기하지 않고 노력했어요. 그리고 결국 그 노력은 좋은 결과로 이어졌답니다.

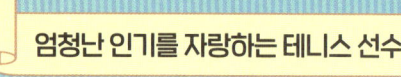

엄청난 인기를 자랑하는 테니스 선수
로저 페더러

출생~사망: 1981년~   출신: 스위스   직업: 운동선수

✦ 천재의 습관 ✦

하루에 적어도 12시간 자기

인지도	난이도	흥미도

어떤 습관일까?

자신에게 맞는 수면 시간

테니스 황제라고 불리는 로저 페더러의 성공 비결은 바로 '수면'에 있어요. 그는 밤에 10시간씩 자고, 낮잠도 2시간씩 잔답니다. 충분히 수면을 취하지 않으면 경기에 지장이 있다고 생각했기 때문이에요. 물론 조금만 자도 충분히 능력을 발휘할 수 있는 사람도 있을 테니, 먼저 자신에게 어느 정도의 수면 시간이 필요한지 알아보면 좋겠네요.

최장수 인기 선수

페더러는 테니스 4대 대회인 그랜드 슬램에서 통산 20회나 우승하는 등 대단한 기록을 남겼어요. 여기서 가장 주목할 만한 부분은 그가 아주 오랫동안 세계 정상의 자리를 유지했다는 점이에요. 세계 랭킹으로 보면 2004년부터 2008년까지 연속 237주 동안 1위를 유지한 셈인데 정말 대단하지 않나요? 그 뿐만 아니라 1위를 넘겨주고 5년 3개월 뒤 다시 정상의 자리를 차지하기도 해요. 이때 페더러의 나이는 36살이었어요. 최고령 세계 랭킹 1위였지요. 또 남자 프로 테니스 협회에서 발표한 '팬 투표 인기상' 부문에서 2003년부터 오랫동안 1위를 차지하며 엄청난 인기를 누리고 있답니다.

우아하고 예술적인 플레이

페더러의 테니스 스타일은 예술적이고 우아하다는 평가를 받고 있어요. 그는 바닥에 한 번 튕긴 공을 치는 그라운드 스트로크는 기본이고, 서브와 발리 실력도 뛰어나 모든 플레이에 뛰어난 선수랍니다. 페더러의 강점은 단단하게 라켓을 지탱하는 손목의 힘과 같은 자세를 유지한 채 유려하게 움직이는 하체의 유연성에 있답니다. 물론 이러한 장점들은 그가 오랜 시간 연습한 결과이지요.

어떤 공이든 받아 쳐 주지!

조각상식 — 두 쌍의 쌍둥이 아버지

페더러는 2009년에 쌍둥이 딸을, 2014년에는 쌍둥이 아들을 낳았어요. 게다가 페더러의 누나도 쌍둥이를 낳았다고 해요.

● 천재의 명언 ●

승리를 거머쥐는 자는 자신이 할 수 있다고 믿는 자다.

자신을 믿는다는 것은 생각보다 쉽지 않아요. 그것이 냉혹한 승부의 세계라면 더욱 그렇지요. 하지만 아무리 어렵다고 하더라도 포기하지 마세요. 할 수 있다고 믿는 것이 가장 중요하답니다.

'물의 괴물'로 불리는 수영 선수

마이클 펠프스

출생~사망: 1985년~   출신: 미국   직업: 운동선수

✦ 천재의 습관 ✦

아침저녁으로 이미지 트레이닝하기

인지도 ★★★★☆   난이도 ★★★★☆   흥미도 ★★★★★

어떤 습관일까?

세세한 부분까지 상상하기

마이클 펠프스는 완벽한 레이스를 떠올리며 이미지 트레이닝을 하는 습관이 있어요. 출발하는 장면부터 팔을 내젓는 장면, 턴 그리고 골인해서 전광판을 바라보는 장면까지 세세하게 상상한다고 해요. 그는 아침에 일어나서 한 번, 자기 전에 한 번 그리고 경기 직전에 한 번 이렇게 이미지 트레이닝을 하고 있답니다.

몇 번이고 경신한 세계 신기록

펠프스는 2001년, 15살이라는 최연소의 나이로 200m 접영 세계 신기록을 세운 데 이어 자신의 세계 신기록마저 계속해서 경신했어요. 하나의 신기록이 오랫동안 경신되지 않고 남아 있는 일도 있지만, 펠프스처럼 같은 종목의 기록을 스스로 계속 경신하는 것은 역시 최고의 선수이기 때문에 가능한 일이 아닐까요? 게다가 그는 이제까지 올림픽에 5번 출전하면서 무려 23개의 금메달을 목에 걸었답니다. 펠프스의 강력한 힘의 비결은 바로 축복받은 체형에 있다고 해요. 길쭉길쭉한 팔과 커다란 발, 부드럽고 유연한 관절 덕분에 한 번에 더 많이 나아갈 수 있고, 강력한 발차기로 빨리 앞으로 치고 나갈 수 있는 것이지요.

상상력은 결과를 내는 중요한 무기지!

끊임없는 이미지 트레이닝

펠프스의 이미지 트레이닝은 절체절명의 사고가 일어났을 때도 도움이 되었어요. 2008년 베이징 올림픽 200m 접영 결승전 도중, 물안경이 빠져 버리는 해프닝이 일어났지만 펠프스는 조금도 당황하지 않았어요. 이런 경우까지 미리 생각해 두었던 것이지요. 그는 준비했던 대로 이를 전혀 신경 쓰지 않고 수영을 계속해 세계 신기록으로 금메달을 획득했답니다.

● 천재의 명언 ●
오늘이 무슨 요일인지 몰라요.
날짜도 모르고요. 저는 그냥
수영만 할 뿐입니다.

조각상식 — 매일 엄청난 양을 먹는 대식가

펠프스는 어마어마한 양의 식사를 했어요. 하루에 무려 12,000kcal나 섭취한다고 알려져 있는데, 이는 일반 성인 남성의 6배나 되는 양이라고 하네요.

타고난 신체 조건과 재능으로 수영계에서 활약한 펠프스지만, 결코 훈련을 소홀히 하지 않았어요. 그는 현재에 만족하지 않고 더 높은 곳을 향하기 위해 계속 노력했어요. 그랬기에 위대한 기록들이 탄생하게 된 것이랍니다.

한 세기를 풍미한 미국의 명배우
마릴린 먼로

출생~사망: 1926년~1962년   출신: 미국   직업: 영화배우

✦ 천재의 습관 ✦

구두 굽 높이를 좌우 비대칭으로 만들기

인지도 ★★★★★   난이도 ★★★★★   흥미도 ★★★☆☆

어떤 습관일까?

언밸런스로 매력 어필

마릴린 먼로는 화려한 미모로 인기를 얻은 미국의 영화배우랍니다. 그를 대표하는 트레이드마크는 바로 '먼로 워크'인데요. 엉덩이를 좌우로 흔들며 걷는 독특한 걸음걸이로, 1953년 개봉한 영화 「나이아가라」에서 찾아볼 수 있지요. 그는 이를 위해 한쪽 구두 굽을 2cm 잘라 일부러 짝짝이로 만들었다고 해요. 불편을 감수하고서라도 자신의 매력을 돋보일 수 있는 방법을 찾아낸 것이지요.

역경 끝에 데뷔한 영화배우

미국 로스앤젤레스에서 태어난 먼로는 아픈 어머니 때문에 대부분의 유년 시절을 고아원과 양부모 밑에서 보낼 수밖에 없었어요. 16살이 되던 해에는 고등학교를 중퇴하고 결혼을 하지요. 이후 항공기 부품 공장에서 일을 하던 먼로는 바로 이곳에서 운명적인 사건을 맞이해요. 먼로가 일하던 공장을 방문한 한 카메라맨이 그를 발견하고는 영화배우로 캐스팅한 것이지요. 이후 그가 출연한 영화들이 모두 큰 인기를 끌며 스타덤에 오르게 된답니다. 처음에는 아름다운 외모와 스타일로 주목을 받았지만 많은 노력 끝에 결국 훌륭한 연기력까지 겸비한 실력파 배우로 거듭나게 되었어요.

먼로만의 또 다른 습관

"잘 때는 어떤 잠옷을 입으세요?"라는 기자의 질문에 먼로는 "샤넬 No.5요."라고 대답했어요. 옷을 걸치지 않은 채로 향수만 뿌리고 잔다는 말이었지요. 뿐만 아니라 그는 평소 빨간색 속옷을 즐겨 입었다고 해요. 심리학적으로 빨간색은 열정과 활기를 돋우는 효과가 있다고 해요. 그래서 그 역시 매력적인 빨간색 속옷을 즐겨 입었는지도 모르겠어요.

● 천재의 명언 ●

내가 결혼하는 이유는 단 하나, 바로 사랑 때문이다.

케네디 대통령과의 친분
먼로는 당시 존 F. 케네디 미국 대통령과도 친분이 있었어요. 그의 생일 파티에 참석해 직접 생일 축하곡도 불러 주기도 했답니다.

먼로는 세 번의 결혼과 이혼을 경험했어요. 금방 사랑에 빠지는 사람 아닐까, 싶기도 하지만 사실 그가 원했던 것은 자기 자신이 사랑하는 단 한 남자였어요. 그리고 그 남자에게 누구보다 가장 사랑받기를 원했지요.

환한 미소를 지닌 세기의 영화배우

오드리 헵번

출생~사망: 1929년~1993년　　출신: 벨기에　　직업: 영화배우

✦ 천재의 습관 ✦

즐겁지 않아도 늘 웃기

인지도　　　난이도　　　흥미도
★★★★★　★★★★☆　★★★★★

어떤 습관일까?

환한 미소가 만드는 행복

오드리 헵번은 아름다운 미소로 미국은 물론, 전 세계 사람들의 마음을 단번에 빼앗았지요. 그는 즐겁지 않아도 늘 미소를 짓기 위해서 각별히 노력했어요. 억지로라도 웃어 보이면 스트레스가 풀리고 기분도 덩달아 좋아진다고 생각했거든요. 이렇게 유지한 미소로 인상이 밝아지면 성공도 같이 따라오지 않을까요?

할리우드를 대표하는 배우

벨기에에서 태어난 헵번은 어린 시절부터 발레리나를 꿈꿨지만, 제2차 세계 대전이 터지면서 아쉽게도 발레의 꿈을 접을 수밖에 없었어요. 이후 그녀는 배우의 길로 들어서게 돼요. 그가 22살에 주연으로 오른 브로드웨이 뮤지컬 「지지」로 사람들의 주목을 받기 시작했지요. 그로부터 2년 뒤, 영화 「로마의 휴일」의 주인공을 맡게 돼요. 이 작품은 세계적으로 큰 성공을 거두었고, 헵번 역시 아카데미 여우주연상을 수상하면서 누구나 인정하는 영화배우로 이름을 알리게 됐어요. 이후에도 「사브리나」와 「티파니에서 아침을」 등 다양한 영화에 출연하면서 전 세계 사람들을 매료시켰답니다.

자연스러운 아름다움

영화배우로서 한 세기를 풍미한 헵번은 노년이 된 뒤 유니세프 친선 대사로 활동하며 전 세계를 돌아다녀요. 전쟁으로 인해 고통받고 괴로웠던 유년 시절의 경험을 잊지 않고 있었는지도 몰라요. 헵번은 친선 대사로 활동하면서 얼굴에 깊게 팬 주름을 가리지 않고 자연스럽게 늙어 가는 자신의 모습을 그대로 보여 주었어요. 이러한 모습은 '여배우는 언제나 아름다워야 한다'는 고정 관념을 시원하게 깨 주었답니다.

> 미소가 주는 마법은 분명히 있어

조각상식 — 헵번의 말에 관한 오해

"매혹적인 입술을 가지고 싶다면 친절한 말을 하라."라는 헵번의 유명한 명언은 사실 그가 한 말이 아니에요. 이는 헵번이 좋아하는 시의 한 구절로, 평소 자주 말하고 다닌 덕분에 오해받은 거라고 해요.

● 천재의 명언 ●
당신에게 가장 중요한 것은 자신의 행복을 위해 주어진 삶을 즐기는 것이다.

우리는 괴로운 일에 크게 신경을 쓰고, 반대로 즐겁고 행복한 일은 사소하게 넘기는 경우가 많지요. 헵번은 괴로움보다 행복에 더 집중했어요. 바로 이것이 그의 성공 비결은 아닐까요?

쿵후를 세계에 널리 알린 액션 배우

이소룡

출생~사망: 1940년~1973년   출신: 홍콩   직업: 무술가, 영화배우

✦ 천재의 습관 ✦

훈련과 공부 모두 게을리하지 않기

인지도 ★★★★★   난이도 ★★★★★   흥미도 ★★★★☆

어떤 습관일까?

몸과 두뇌를 모두 단련하다

액션 배우로 유명한 이소룡은 신체 단련뿐 아니라 이론 공부 역시 게을리하지 않았어요. 그의 집에는 훈련용 방 외에도 공부하는 방이 따로 있었지요. 이소룡은 바로 그곳에서 수많은 책을 읽어 나가며 근력 운동을 활용한 무술이나 효과적인 영양소 섭취 방법 등을 꾸준히 연구했답니다.

무술가에서 액션 배우로

이소룡은 어렸을 때부터 다양한 무술을 익혔어요. 하지만 학창 시절 불량 학생이었던 그는 싸움을 굉장히 자주 했다고 해요. 이런 아들을 걱정한 이소룡의 아버지는 결국 그를 미국으로 보내기로 했답니다. 미국으로 간 이소룡은 틈틈이 아르바이트를 하면서 대학교에 진학했고, 자신의 능력을 살려 중국 무술 지도를 시작해요. 미국 배우에게 무술을 가르치던 이소룡은 우연찮은 기회로 텔레비전에도 출연하게 되었어요. 그리고 1971년에 영화 「당산대형」의 주연을 맡게 되었지요. 이소룡은 영화의 개봉과 함께 큰 인기를 끌어요. 하지만 「용쟁호투」 등의 히트작에 출연하며 액션 배우의 길을 걷던 이소룡은 안타깝게도 1973년에 32살의 젊은 나이로 세상을 떠나게 됩니다.

무술을 알리기 위해 출연한 영화

이소룡은 배우는 물론이고 영화의 연출과 각본을 맡기도 했어요. 하지만 사실 그의 본업은 무술가랍니다. 그에게 영화는 무술을 알리기 위한 하나의 수단이었어요. 그래서인지 그가 영화에서 보여 준 무술은 모두 박진감이 넘쳤답니다. 눈에 보이지 않을 정도로 빨랐을 뿐만 아니라 그 위력 또한 차에 치이는 정도로 강력했다고 해요.

기술이나 지식만으론 항상 모자라!

조각상식: 쿵후의 마무리는 "아뵤~"

이소룡의 영화에서 격투 장면마다 나오는 "아뵤~" 하는 기합 소리를 들어 본 적이 있을 거예요. 이런 소리는 '괴조음'이라고 불리는데 한때 많은 사람들이 이 소리를 흉내 냈지요.

● 천재의 명언 ●

**행복하라.
하지만 절대 만족하지는 마라.**

이소룡은 무예를 단련하면서 육체적, 정신적으로 최고의 경지에 오른 인물이에요. 그는 현실에 안주하지 않고 언제나 앞을 향해 나아갔어요.

4장 슈퍼스타 편

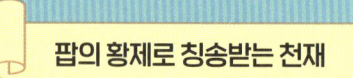

팝의 황제로 칭송받는 천재

마이클 잭슨

출생~사망: 1958년~2009년   출신: 미국   직업: 가수

✦ 천재의 습관 ✦

완벽한 퀄리티를 위해 노력하기

인지도 ★★★★★   난이도 ★★★★★   흥미도 ★★★★☆

어떤 습관일까?

작품의 퀄리티에 신경 쓰기

마이클 잭슨은 무엇보다 작품의 퀄리티를 무척 중시했어요. 특히 뮤직비디오 제작에는 더욱 심혈을 기울였다고 해요. 그중 많은 인기를 끌었던 「스릴러」는 공포 영화를 연상케 하는 쇼트 필름으로 제작되었는데, 제작비로만 무려 12억 원이 들었다고 해요. 이후 「배드」의 뮤직비디오 제작을 위해서는 영화계의 거장인 마틴 스코세이지 감독을 초빙하기도 했지요.

테이크 54!

전 세계가 열광한 팝의 황제

잭슨은 '팝의 황제'라고 불리며 전 세계인의 마음을 사로잡았어요. 그의 위엄은 여러 기록으로 살펴볼 수가 있는데요. 1982년에 발매된 앨범 「스릴러」는 7천만 장 이상 판매되며 '역사상 가장 많이 팔린 앨범'으로 기네스북에도 등재되었고, 8개 부문의 그래미상을 휩쓰는 쾌거를 이루기도 했지요. 1987년부터는 세계 15개국을 돌면서 월드 투어 공연을 진행했고, 무려 440만 명의 관객이 동원되었다고 해요. 안타깝게도 잭슨은 2009년에 세상을 떠나고 말았지만 지금까지도 가요계의 눈부신 전설로 남아 있답니다.

섬세하고 뛰어난 연출력

잭슨은 무대 위에 오를 때면 하얀 신발을 신는 습관이 있었어요. 사실 이 하얀 신발은 그의 춤을 부각시키기 위한 연출 중 하나였지요. 어두운 무대 위에서 스포트라이트를 비추면 하얀 신발이 반짝반짝 빛나 보일 수 있을 테니까요. 게다가 잭슨은 자신의 신발이 더욱더 돋보일 수 있도록 바짓단을 짤막하게 줄여 놓는 섬세함도 잊지 않았어요. 잭슨처럼 세계 최고의 엔터테이너라면 자신을 어떻게 더 효과적으로 보여 줄 수 있을지 항상 고민해야겠지요.

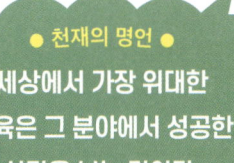

내 노랫소리는 영원히 울려 퍼질 거예요

● 천재의 명언 ●
세상에서 가장 위대한 교육은 그 분야에서 성공한 사람을 보는 것이다.

조각상식 - 잭슨의 반려동물, 버블스
잭슨은 '버블스'라는 이름의 침팬지를 키웠어요. 공연할 때도 종종 버블스와 동행해 큰 화제를 불러 모았답니다.

잭슨은 어렸을 때부터 가수로 일하면서 엔터테이너의 세계에서 최고의 자리에 오른 인물이지요. 그는 그 분야에서 눈부신 성공을 이룬 사람을 보는 것, 나아가 성공한 자신의 모습을 보여 주는 것이 바로 진짜 교육이라고 생각했어요.

독특한 퍼포먼스의 아티스트

레이디 가가

출생~사망: 1986년~   출신: 미국   직업: 가수

✦ 천재의 습관 ✦

매일 15분씩 스스로 칭찬하기

인지도	난이도	흥미도
★★★★★	★★★★☆	★★★★★

어떤 습관 일까?

자신을 다독이는 시간 가지기

레이디 가가는 독특한 퍼포먼스로 많은 사랑을 받고 있는 아티스트이지요. 하지만 어렸을 때는 친구들에게 따돌림을 당하거나 놀림을 당하는 등 힘든 시기를 보냈다고 해요. 그럴 때마다 그는 매일 15분씩 거울 앞에서 스스로를 칭찬하고 다독여 주었어요. 이 습관 덕분에 그는 점점 자신감을 갖게 되었고 결국 아티스트로서도 눈부신 성공을 거두게 되었답니다.

유년 시절 겪은 따돌림

이탈리아계 미국인인 레이디 가가는 어린 시절 인종 차별을 당하거나 성격이 독특하다는 이유로 따돌림을 당했어요. 한편 일찍이 음악을 배우면서 반짝이는 재능을 발휘하기도 했지요. 이 두 가지 경험은 훗날 그의 활약에 큰 영향을 주게 돼요. 레이디 가가는 19살에 레코드 회사와 계약을 맺었지만 이렇다 할 활동을 하지 못한 채 힘든 시간을 보냈어요. 그로부터 3년 후, 오랫동안 준비했던 앨범 「더 페임」이 많은 사랑을 받으면서 그는 세계적인 아티스트의 반열에 오르게 되지요. 뿐만 아니라 레이디 가가의 음악성과 패션은 전 세계 사람들에게 많은 영향을 주고 있어요.

> 다른 사람과 다르다는 건 정말 멋진 일이야!

개성 넘치는 그녀만의 패션

레이디 가가를 떠올려 보면 역시 개성 있는 패션이 가장 먼저 생각나지요. 자신감 있게 몸매를 드러내기도 하고, 처음 보는 소재로 만들어진 옷을 입는 등 보는 이로 하여금 깜짝 놀라게 만드니까요. 레이디 가가도 패션이 무엇보다 중요하다고 말했답니다. 그래서인지 노래에 따라 입는 의상도 무척이나 다양한데, 새로운 음악을 구상할 때부터 무대에서 어떤 옷을 입으면 좋을지 고민한다고 해요.

● 천재의 명언 ●

한계란 원래부터 존재하지 않는다. 있다고 착각할 뿐이다.

수많은 역경을 딛고 영광의 자리를 차지한 레이디 가가이기에 할 수 있는 말이에요. 한계에 다다랐다고 생각되는 순간이 온다면, 그것이 정말 존재하는 것인지 다시 한번 생각해 보세요. 그것이 바로 한계를 뛰어넘는 첫걸음이 될 테니까요.

 '레이디 가가'라는 이름의 유래

'레이디 가가'라는 이름은 데뷔 당시 절친했던 음악 프로듀서가 그에게 만들어 준 예명이랍니다. 퀸의 노래 「라디오 가가」에서 따 왔다고 하네요.

4장 슈퍼스타 편

많은 명작을 탄생시킨 희극 왕
찰리 채플린

출생~사망: 1889년~1977년   출신: 영국   직업: 영화감독, 배우

✦ 천재의 습관 ✦

가족과 함께 서커스 관람하기

인지도	난이도	흥미도
★★★★★	★★★★☆	★★★☆☆

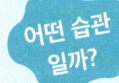
어떤 습관 일까?

서커스가 이어 준 가족의 연

찰리 채플린은 4번의 결혼을 한 것으로 알려져 있어요. 마지막 아내였던 우나 오닐과는 34년 동안 함께하면서 아이를 8명이나 낳았지요. 채플린은 주로 스위스에서 지냈는데, 그곳에서 가족들과 함께 서커스를 자주 보러 갔다고 해요. 아마도 채플린은 사람들 앞에서 퍼포먼스를 보여 주는 그들의 멋진 모습을 아이들에게도 보여 주고 싶었던 것이 아닐까요?

척척 해내는 완벽주의자

채플린은 젊은 시절부터 희극 무대에서 활동했던 배우로, 24살에 처음 영화계로 들어서게 되었어요. 그가 인지도를 얻기 시작한 것은 헐렁한 바지와 신발, 지팡이에 중절모를 쓰고 영화에 나오면서부터였답니다. 이후 채플린은 자신이 원하는 영화를 만들기 위해 직접 스튜디오를 설립했어요. 그곳에서 감독, 각본, 주인공 역할에 더해 음악까지 혼자서 모든 것을 담당하지요. 게다가 채플린은 자신의 마음에 드는 장면이 나올 때까지 몇 번이고 다시 촬영했다고 해요. 그의 완벽주의자 성향을 엿볼 수 있는 대목이지요.

사회 문제를 꼬집는 영화

채플린의 영화는 사회 비판적인 내용이 잘 담겨 있어요. 그의 영화는 희극이라는 장르 안에서 사회 문제를 섬세하게 다루고 있다는 특징이 있지요. 영화 「황금광 시대」는 금광을 찾아 고군분투하는 사람들을 풍자했고, 또 다른 작품 「모던 타임즈」에서는 기계 문명에 휩쓸려 살아가는 노동자를 다뤘어요. 그중에서도 특히 「위대한 독재자」라는 영화가 유명한데, 히틀러의 독재 정치에 대해 날카로우면서도 신랄하게 비판한 작품이랍니다.

가족과 즐거운 시간을 보내야지

● 천재의 명언 ●

삶이란 가까이서 보면 비극, 멀리서 보면 희극이다.

채플린의 영화는 희극이 주를 이루지만, 사실 그 안에는 슬프고 애달픈 내용이 함께 담겨 있답니다. 그는 비극과 희극은 보는 사람과 관점에 따라 바뀔 수 있다는 것을 알려 주었지요.

조각상식 채플린이 고용한 일본인 기사

채플린의 운전기사는 다카노 도라이치라는 일본인이었어요. 그는 다카노 외에도 일본인을 많이 고용했다고 해요.

할리우드의 황금시대를 대표하는 영화배우
엘리자베스 테일러

출생~사망: 1932년~2011년   출신: 영국   직업: 영화배우

✦ 천재의 습관 ✦

냉장고에 가장 못생긴 자기 사진 붙여 놓기

인지도 ★★★★☆   난이도 ★★★★☆   흥미도 ★★★☆☆

어떤 습관일까?

현실을 외면하지 않기

엘리자베스 테일러는 할리우드에서 뛰어난 외모로 한 세기를 풍미한 영화배우랍니다. 하지만 40대에 들어서면서부터 그는 과식을 반복했고 몸매에 변화가 왔지요. 그러던 어느 날, 공연 일이 들어오면서 테일러는 혹독한 다이어트를 시작해요. 그는 자신이 가장 못생기게 나온 사진을 냉장고 앞에 붙여 놓았는데, 음식을 먹기 위해 냉장고를 열 때마다 그 사진을 보면서 식욕을 참았다고 해요.

굴곡 많은 인생

테일러는 아역 배우 시절부터 인기가 많았어요. 짙은 보랏빛 눈동자와 선명한 쌍꺼풀, 풍성한 속눈썹이 아주 아름다운 영화배우였지요. 그는 아름다움과 탄탄한 연기력으로 많은 사랑을 받았답니다. 테일러는 할리우드 영화에도 다수 출연했을 뿐만 아니라 「버터필드 8」과 「누가 버지니아 울프를 두려워하랴」 두 작품으로 아카데미 여우주연상을 수상했어요. 하지만 눈부신 커리어와 다르게 그의 인생은 굴곡이 많았어요. 테일러는 8번의 결혼을 하고 약물과 알코올에도 중독되어 여러 질병을 앓았어요. 무려 70번 넘게 입원한 이력이 있다고 해요. 화려한 삶의 이면에는 남모를 고충이 숨겨져 있던 것이지요.

언제나 긍정적인 마음

테일러는 엄격하게 식이 조절을 하면서도 긍정적인 마음을 잃지 않기 위해 다이어트 중에도 꾸미는 것을 잊지 말자고 다짐했어요. 게다가 지나친 다이어트는 건강에도 그리 좋지 않기 때문에 일주일에 한 번 좋아하는 음식을 마음껏 먹었다고 해요. 결국 테일러는 다이어트에 성공해 무려 36kg이나 감량했고, 이러한 경험을 바탕으로 다이어트 책도 출간했답니다.

> 나의 현실을 마주하는 것이 중요해

● 천재의 명언 ●

나는 언제나 내 열정에 따라 솔직하게 살아왔다.

테일러가 배우 리처드 버튼과의 관계를 회상하면서 한 말이에요. 그는 많은 남성과 사랑에 빠져 결혼과 이혼을 반복해 왔지만, 항상 자신의 감정에 솔직했답니다. 언제나 자신의 열정에 따라 살아온 그의 삶을 엿볼 수 있지요.

 조각상식 — 항상 겸손하고 소박한 모습

테일러의 진짜 모습을 아는 사람들은 "절대 자만하는 법이 없다", "소박한 마음을 가지고 있다"고 말해요. 이러한 성격 덕분에 많은 사람에게 사랑을 받은 것이겠지요.

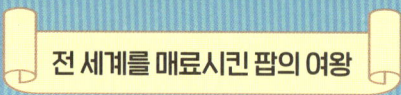

전 세계를 매료시킨 팝의 여왕
마돈나

출생~사망: 1958년~   출신: 미국   직업: 가수, 영화배우

✦ 천재의 습관 ✦

좋아하는 음악 들으면서 춤추기

인지도 ★★★★★   난이도 ★★★★☆   흥미도 ★★★★★

어떤 습관일까?

음악에 맞춰 마음껏 움직이기

미국의 팝 아티스트인 마돈나는 좋아하는 음악을 틀어 놓고 춤을 추는 습관이 있어요. 그는 춤을 추면 젊어지는 기분이 들고 스트레스가 해소된다고 말했지요. 춤을 출 때는 자세를 신경 쓰거나 정해진 동작을 할 필요가 없어요. 그저 음악에 맞춰 몸이 움직이는 대로 즐기면 된답니다. 이것이 바로 마돈나식 스트레스 해소법이에요.

아메리칸 드림을 이루다

미국 미시간주에서 태어난 마돈나는 5살에 어머니를 여의었어요. 이후 아버지가 재혼하지만 새어머니와 사이가 좋지 못했지요. 대학교에서도 적응하지 못한 마돈나는 별안간 학교를 그만두고 뉴욕행 버스에 오른답니다. 그의 손에는 고작 35달러만 쥐어져 있었지요. 뉴욕으로 향하며 마돈나는 '세계에서 신보다 유명해질 거야.' 하고 다짐했다고 해요. 뉴욕에서 4년 동안 댄서로 일하던 그는 마침내 1982년에 가수로 데뷔하게 된답니다. 「라이크 어 버진」, 「매터리얼 걸」과 같은 히트곡을 꾸준히 발매하면서 팝의 여왕 자리에 당당하게 올랐어요. 아메리칸 드림을 실제로 이룬 셈이지요.

영화계와 문학계까지

아티스트로 정점을 찍은 마돈나는 여러 분야에서 활동하기 시작했어요. 그중 하나가 영화계였지요. 1985년 이후 그는 10편 이상의 영화에 출연했고, 1996년에 개봉한 영화 「에비타」로 골든 글로브 시상식에서 여우주연상을 받았어요. 게다가 감독, 제작 총지휘를 맡기도 했답니다. 또 2000년대에는 동화 작가로 문학계에 출사표를 던졌어요. 그의 작품은 여러 나라에서도 출판되어 사랑받고 있다고 해요.

아무것도 생각하지 말고 음악에 몸을 맡기면 돼!

조각상식 — 마돈나의 의외의 모습

마돈나는 "불안감은 나의 약점이다. 하루 24시간, 일주일에 7일간 항상 불안에 떨고 있다."라고 말한 적이 있어요. 강해 보이는 이미지와는 다른 의외의 모습이에요.

● 천재의 명언 ●
양으로 100년을 살아야 한다면 호랑이로 1년을 사는 게 낫다.

최고의 아티스트로 활약하고 있는 마돈나는 여느 때보다 바쁘고 치열한 생활을 보내고 있어요. 여유로운 일상을 보낼 수도 있겠지만 그는 일부러 다른 길을 선택했어요.

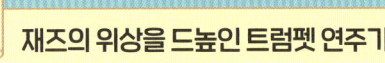

재즈의 위상을 드높인 트럼펫 연주가

마일즈 데이비스

출생~사망: 1926년~1991년   출신: 미국   직업: 재즈 음악가

✦ 천재의 습관 ✦

지루해지기 전에 앞으로 나아가기

인지도 　난이도 　흥미도

 언제나 새로운 일에 도전하기

마일즈 데이비스는 재즈 트럼펫 연주가로 인상적인 발자취를 남긴 인물이에요. 그는 음악적으로 한곳에 머무르는 일 없이 언제나 변화를 추구하고 새로운 세계를 탐구했어요. 현실에 안주하면 어느새 지루하다고 느껴졌기 때문이에요. 때문에 그는 지루함이 찾아오기 전에 다음 단계에 도전했어요. 데이비스가 오랫동안 재즈계의 일선에서 활약할 수 있었던 것도 이러한 습관 덕분이랍니다.

트럼펫과 함께 살다

데이비스의 음악 인생은 13살 생일 선물로 아버지에게 트럼펫을 받으면서 시작되었어요. 15살이 되자 그는 세인트루이스의 클럽에 다니면서 재즈 연주를 접하게 되지요. 데이비스의 음악이 시작된 곳이라고도 할 수 있어요. 시간이 흘러 그는 줄리어드 음악원에 입학하기 위해 뉴욕으로 향했어요. 훗날 음악원은 중퇴하지만 이때부터 데이비스는 재즈 트럼펫 연주가로서 무대에 서게 돼요. 그는 '비밥'이라고 불리는 즉흥 연주를 가미한 재즈 공연을 선보였답니다. 이를 바탕으로 다양한 장르의 음악을 섞은 히트 앨범이 탄생하게 되었지요.

젊은 뮤지션과의 교류

데이비스가 대단한 점은 언제나 음악을 다양하게 변화시켰다는 부분에 있어요. 그는 비밥을 비롯해 모드 재즈, 일렉트릭 재즈, 크로스오버, 힙합 재즈 등 새로운 형태의 음악을 선보였어요. 이를 위해서 데이비스는 일부러 젊은 뮤지션과 함께 어울려 연주를 했다고 해요. 이미 많이 이뤄 놓은 뮤지션에게 기술을 배우는 것보다는 젊은 사람들이 가진 새로운 생각과 감성을 흡수하는 것이 더 중요하다고 여겼기 때문이지요.

가만히 있으면 아무것도 시작되지 않아

● 천재의 명언 ●

모든 것들을 배우고 잊어 버려라.

데이비스는 뮤지션으로서 최고의 지위에 오른 뒤에도 결코 안주하지 않았어요. 언제나 새로운 것을 끊임없이 추구했답니다. 모든 예술은 파괴와 창조로 이루어져 있다는 말이 떠오르지요.

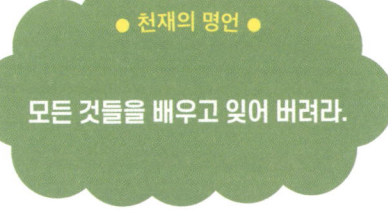

조각상식 두터운 팬층을 가진 뮤지션

데이비스는 나라를 막론하고 전 세계적으로 두터운 팬층을 소유한 뮤지션이랍니다. 재즈 평론가들은 그를 '모던 재즈의 황제'라고 부르기도 해요.

● 참고문헌 ●

《예술하는 습관》 메이슨 커리 저, 이미정 역, 걷는나무

《습관이 무기가 될 때》 허성준 저, 한진아 역, 생각의길

《안타까운 위인집(ざんねんな名言集)》 마야마 도모유키 저, 학연플러스 (국내 미출간 도서)

《오타쿠 위인집(すごい人ほどぶっとんでいた! オタク偉人伝)》 오가와 아키코 저, 아스콤 (국내 미출간 도서)

《현자의 말(君に勇気を未来に光を 賢者のことば)》 와다 마고히로 저, 신성출판사 (국내 미출간 도서)

《바로 따라 할 수 있는 천재들의 습관 100(すぐに真似できる 天才たちの習慣100)》 교양총연 저, KADOKAWA (국내 미출간 도서)

《나도 할 수 있어! 천재의 습관(私にもできる! 天才の習慣)》 다카라지마샤 (국내 미출간 도서)

《천재들의 일상~세상을 움직이는 루틴~(天才たちの日常 ～世界を動かすルーティーン～)》 TV도쿄 저, 매거진랜드 (국내 미출간 도서)

《인생을 움직이는 현자의 명언(人生を動かす 賢者の名言)》 이케다서점 편집부 저, 이케다서점 (국내 미출간 도서)

《명언·좌우명 1500(生きる力がわいてくる名言·座右の銘1500)》 임팩트 편집부 저, 나가오카서점 (국내 미출간 도서)

《신판 인생의 지침이 보이는 좌우명 1500(新版 人生の指針が見つかる 座右の銘1500)》 벳사쓰다카라지마 편집부 저, 다카라지마샤 (국내 미출간 도서)